20 CENTIMES — MAGASIN THÉATRAL ILLUSTRÉ — BARBRÉ, ÉDITEUR
12, BOULEVARD SAINT-MARTIN, 12

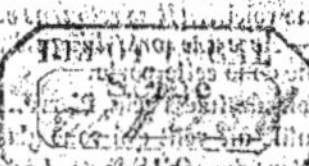

LES CATACOMBES DE PARIS

DRAME EN CINQ ACTES ET SIX TABLEAUX

PAR M. TAILLADE

DÉCORS DE M. WAGNER. — MUSIQUE DE M. BORSSAT. — MISE EN SCÈNE DE M. BERTHOLLET.

Représenté, pour la première fois, à Paris, sur le Théâtre Beaumarchais, le 26 janvier 1860.

Premier tableau	Troisième tableau	Cinquième tableau
L'ENFANT DU BANDIT	**JEAN LAHURI**	**LES CATACOMBES DE PARIS**
Deuxième tableau	Quatrième tableau	Sixième tableau
LA FERME DE MONTROUGE	**LE CABARET DE LA RUE D'ENFER**	**LE CADEAU DE NOCES**

Personnages	Acteurs	Personnages	Acteurs
LE COMTE DE LA MARLIÈRE	MM. MARSIGNY.	PREMIER BANDIT	MM. VICTOR.
CLAUDE FAUVEL	GOBERT.	UN EXEMPT	JULES.
PIERRE BERNARD	ÉVARISTE.	UN DOMESTIQUE	RICARD.
HENRI BERNARD	SIMON.	JEAN LAHURI	Mmes J. MADELEINE.
GERVAIS	DONATIEN.	GENEVIÈVE	BRIARD.
LE PÈRE SYLVAIN	MARTIAL.	GABRIELLE	GEORGINA SIMON.
LANDRY	GODARD.	FRANÇOISE	ADRIENNE.
PARGEOT	DAMIEN.	LOUISE	LÉONTINE.
SYLVANDRE	JOSSELIN.		
LE PETIT JEAN	CHARLES.		

Bandits, Bohémiens, Soldats.

La scène se passe, au premier tableau, en 1764, aux environs de Grenoble. — En 1770, pendant les autres tableaux, à Paris et aux environs.

ACTE PREMIER

Premier tableau: l'Enfant du Bandit

Le Théâtre représente une Chambre.

Au lever du rideau il fait petit jour. — Jean est couché sur un lit d'enfant, au fond, vers la gauche. Geneviève est assise au fond.

SCÈNE PREMIÈRE

GENEVIÈVE et le petit JEAN.

GENEVIÈVE, *regardant l'enfant.* Enfin! je crois qu'il s'est endormi! Cher ange! comme ses pauvres petites joues sont déjà pâlies par la fatigue et ses paupières toutes rouges d'insomnie! A son âge!... c'est qu'il aime tant son père! (*Réfléchissant.*) Son père... voilà encore deux nuits qu'il a passées dehors... Ah! Pierre, ne sens-tu pas que tes absences dévorent peu à peu l'existence de ceux qui t'aiment ici, et que ton abandon finira par tuer la mère et l'enfant! — Voyons, si je profitais de ces quelques instants de repos pour mettre un peu d'ordre à côté; car vraiment, je perds le goût à tout... Il est temps que Pierre revienne! (*Elle va pour rentrer.*)

JEAN, *rêvant agité.* Père!... père!...

GENEVIÈVE, *s'arrêtant.* Ah!... Il rêve! comme il est agité!...

JEAN *s'éveille et s'assied sur son lit.* Tiens!... c'est toi, maman?

GENEVIÈVE. Oui, mon enfant, oui; mais toi, il faut rester tranquille; il faut dormir encore.

JEAN. Je ne peux pas.

GENEVIÈVE. Pourquoi? Est-ce que tu te sens malade?

JEAN. Non... oh! non... (*Regardant autour de lui.*) Papa n'est pas là?

GENEVIÈVE. Il va venir tout de suite.

JEAN. Tu me dis toujours ça, et il ne vient pas!...

GENEVIÈVE. Il est grand matin encore; il a des occupations qui le retiennent bien loin d'ici, tu comprends, Jean?...

JEAN. Hier aussi; il était grand matin, et je ne l'ai pas vu non plus. Ah! j'ai sommeil...

GENEVIÈVE, *le replaçant sur son lit.* Tu vois bien! reste là, ferme les yeux, ça te fera du bien.

JEAN. Oui. (*Embrassant Geneviève.*) Je t'aime bien! Dis donc! mère? Est-ce qu'il ne viendra plus jamais, papa?...

GENEVIÈVE. Mais si, tiens, regarde, je ris... est-ce que je rirais, si je ne devais plus le revoir?... (*Elle se cache pour essuyer ses larmes.*)

JEAN, *la surprenant.* Tu pleures, maman?

GENEVIÈVE. Non, non! dors, mon chéri, dors...

JEAN. Je n'ai plus sommeil!...

GENEVIÈVE. Pauvre enfant!... Oh! Pierre, reviens, reviens vite, tout va bien mal ici... (*On entend au loin, du dehors, une voix qui chante : c'est Sylvain, pâtre.*)

SYLVAIN, *au fond.*

Si tu voulais, Lucette,
Écouter mes ennuis,
Je ferais, ma fillette,
Le meilleur des maris.
Si tu voulais, Lucette...

JEAN. Entends-tu, maman...

GENEVIÈVE. Oui, c'est la voix du père Sylvain, qui passe tous les matins pour aller garder ses troupeaux à une demi-lieue d'ici. (*La voix a repris le refrain et s'est approchée.*)

JEAN. Ah! oui. Celui qui est si vieux!

GENEVIÈVE. Oui, le père Sylvain, tu le connais bien?

SCÈNE II

Les Mêmes, le Père SYLVAIN, *habillé en pâtre des montagnes.*

SYLVAIN. Pas vrai, petiot, que nous sommes d'anciennes connaissances?

JEAN, *courant à Sylvain.* Oui!...

SYLVAIN. Embrassons-nous!... Eh bien, comment que ça va à c' matin, mon vieux camarade?

GENEVIÈVE. Mais bien, père Sylvain, bien.

SYLVAIN. Un peu pâlot, il me semble?...

GENEVIÈVE. Vous trouvez?... en effet, je ne sais pourquoi, il n'a pas fermé l'œil de la nuit, et tout à l'heure seulement il s'est endormi dans ce fauteuil... un peu de fièvre... Ah! ce n'est rien, vous savez, les enfants...

SYLVAIN, *s'asseyant.* Oui, c'est, ma foi, presque comme les vieux... un rien les abat, un rien les relève... Moi, tenez, par exemple, j'aurai bientôt ma quatre-vingtaine; v'là plus de vingt ans que l'on dit : Mais il n'a plus le souffle, ce pauvre Sylvain, il va tomber! et avec tout ça, vous voyez, j'ai encore la tête assez droite...

GENEVIÈVE. Dieu vous réserve encore de longues années, père Sylvain!...

SYLVAIN. Oh! vous me flattez... Après tout, il n'y a pas de mérite, mon Dieu, c'est la santé, v'là tout; et la santé, entre nous soit dit, pour moi qui ne sais pas trop bien parler, c'est comme qui dirait la tranquillité du cœur et de l'esprit!...

GENEVIÈVE. Oui, vous avez raison.

SYLVAIN. Vous concevez, avec un bon air et quelques rayons de soleil par là-dessus, de temps en temps, ça va bien!

GENEVIÈVE. Vous vous sentez heureux?

SYLVAIN. Je ne désire rien autre chose que ce que j'ai... Je passe ma vie à garder des bœufs, des moutons et d'autres animaux qui me prennent en amitié à mesure qu'ils me connaissent; j'ai un chien qui est comme un ami pour moi; j'ai une masure avec un lit dedans; qu'est-ce que vous voulez de plus?... Et par-dessus le marché, comme je suis pauvre, je ne crains pas les voleurs... (*Il se lève.*) Ah! à propos de voleurs, un conseil : dites à votre homme de bien fermer les portes, la nuit.... ça me fait penser que je ne le vois pas à ce matin, Pierre?...

GENEVIÈVE. Il est sorti.

SYLVAIN. Déjà?...

GENEVIÈVE. Oui, il est allé jusqu'à Grenoble...

SYLVAIN. Ah! c'est juste. Il a des affaires, lui; c'est pas comme moi; enfin, c'est égal, dites-lui de mettre un loquet de plus à vos fenêtres. Il plcut des brigands, dans les environs, depuis quelques semaines!...

GENEVIÈVE. Ah! que pouvons-nous avoir à craindre... Pierre n'est qu'un ouvrier...

SYLVAIN. C'est vrai; mais enfin, ces gueux-là sont si sans pitié!...

GENEVIÈVE. Et puis, Pierre est brave, il nous défendrait.

SYLVAIN. Oui, oui, ce que j'en dis, ce n'est pas pour t'effrayer, au moins; mais ça ne coûte rien de se précautionner... Eh bien, mais, je crois que j'y mets le temps à vous dire bonjour... je suis sûr que mes bêtes s'ennuient après moi... je m'en vais donc, à revoir...

GENEVIÈVE. À revoir, père Sylvain...

SYLVAIN. Que je rembrasse le petiot. Tiens! il dort.....

GENEVIÈVE. Oh! laissez-le... il n'a pas fermé l'œil de la nuit.

SYLVAIN. Soyez tranquille... c'est si bon le sommeil... ça vous retrempe.

GENEVIÈVE, *à part.* C'est l'oubli d'un moment.

SYLVAIN. Allons, à tantôt, si vous êtes là...

GENEVIÈVE. A tantôt, père Sylvain... Ah! si vous rencontrez Pierre, dites-lui que je l'attends.

SYLVAIN. Mais je ne prends pas la route de Grenoble, moi!

GENEVIÈVE. Oh! c'est juste.

SYLVAIN. A tantôt...

SCÈNE III

GENEVIÈVE, JEAN *endormi,* puis PIERRE.
(*Sur les premiers mots de Geneviève, on voit un homme paraître sur la hauteur. Il est inquiet et semble poursuivi.*)

GENEVIÈVE. (*Elle va regarder Jean.*) Il ne vient pas... (*Elle tombe en pleurant sur une chaise. Pierre paraît sur le seuil; il a une main cachée dans sa poitrine.*)

JEAN, *qui s'est levé et l'a aperçu, court à lui.* Ah!... papa... papa!...

GENEVIÈVE. Pierre! ah! c'est toi!...

PIERRE. Eh bien, oui, c'est moi... (*Il embrasse Jean.*)

GENEVIÈVE. Tu ne m'embrasses pas?...

PIERRE, *l'embrassant.* Mais si, vous savez bien que je vous aime! que je n'aime que vous au monde!...

GENEVIÈVE. Merci de ces bonnes paroles. (*En s'approchant de lui avec empressement, elle lui touche le bras qu'il cache.*)

PIERRE. Ah! tu me fais mal!...

GENEVIÈVE. Comment, est-ce que tu souffres?...

PIERRE. Rien rien,... une égratignure que je me suis faite au poignet en gravissant un rocher pour abréger le chemin... ce n'est rien!

GENEVIÈVE. Voyons!...

PIERRE. Ce n'est rien, te dis-je...

GENEVIÈVE. Je veux savoir... (*En parlant, elle sort la main de Pierre de sa poitrine.*) Tu es blessé!...

JEAN. Ah! père, tu as mal...

PIERRE. Un peu d'eau, seulement.

GENEVIÈVE, *qui a été chercher un peu d'eau, en lui étanchant le sang.* Mon Dieu! qu'est-ce qui est donc arrivé? une querelle?...

PIERRE. Non... je viens de t'expliquer...

GENEVIÈVE. Tu me trompes, Pierre, c'est un malheur que tu veux me cacher.

PIERRE. Encore une fois, j'ai dit la vérité, ne me demande plus rien.

GENEVIÈVE. N'ai-je pas le droit d'être inquiète, après une si longue absence?

PIERRE, *brutalement.* Assez! qu'on ne me parle plus de ça.

GENEVIÈVE. Eh bien, non, je me tais... C'est vrai, j'ai tort de t'interroger... folle que je suis, je te vois souffrir et je m'inquiète de ce qui s'est passé, au lieu de... Ne m'as-tu pas dit, tout à l'heure, que tu nous aimais tous les deux?

JEAN. Oh! oui, papa.

PIERRE. Sans doute.

GENEVIÈVE. Mais il faudrait quelque chose pour envelopper ton poignet... attends... (*Elle va pour chercher du linge.*)

PIERRE. Oh! inutile : qu'ai-je besoin de tant de soins... (*Il arrache sa cravate et s'en entoure le bras.*) Sois tranquille, il faudra bien que le sang s'arrête. (*Il revient à ce que disait Geneviève.*) Une querelle! pourquoi supposer que c'est dans une querelle... Si un homme avait porté la main sur moi...

GENEVIÈVE. Eh bien, je me suis trompée, voilà tout.

PIERRE. Personne ne m'a frappé, entends-tu... c'est moi qui me suis blessé... comme un maladroit... Enfin, me voici.... (*Il se retourne vers la porte du fond.* — *Avec une sorte d'inquiétude.*) Geneviève, ferme donc cette porte.

GENEVIÈVE. Comme tu dis cela, Pierre...

PIERRE. Il souffle un vent qui vous glace!...

GENEVIÈVE, *allant fermer la porte.* Le temps est bien noir!

PIERRE. C'est l'orage qui vient... Ah çà! voyons, que s'est-il passé depuis que je ne vous ai vus... qu'avez-vous fait?

GENEVIÈVE. Nous avons attendu.

PIERRE. Et aucune nouvelle n'est venue jusqu'à vous?

GENEVIÈVE. Quelle nouvelle?

PIERRE. Je ne sais pas, moi... il arrive tant de choses en quelques jours...

GENEVIÈVE. Ces quelques jours-là, nous ont paru bien longs, va!... Dis donc, Pierre, c'est à peine si l'enfant a dormi, tant il était chagrin de ne pas te voir.

PIERRE, *saississant Jean avec une tendresse farouche et le mettant sur ses genoux.* Ah! tu m'aimes donc...

JEAN. Oh! oui, père.

PIERRE. Quel charme de tendresse et de séduction Dieu a-t-il donc mis dans ces petits êtres, pour qu'ils aient la puissance de nous arracher des larmes... je pleure... oui, je pleure, mais seulement devant vous deux. Écoute bien, Geneviève, et ne m'interroge pas quand j'aurai parlé... Il y a un mystère qui entoure ma vie... depuis quelque temps. Ce mystère, tu ne le connaîtras jamais! Ne cherche pas à le connaître... Voilà pourquoi je reste ainsi absent des jours et des nuits; voilà pourquoi sans le vouloir, je le jure... je te fais pleurer quand tu es seule... Eh bien, malgré tout ce qui est et tout ce qui sera, je n'oublierai jamais que tu m'as aimé avec une tendresse aveugle et dévouée... je n'oublierai jamais, ce que cet enfant a fait vibrer en moi d'émotions inconnues, émotions bizarres, étranges, qu'on peut appeler douleurs, tortures, remords... je ne sais pas... mais enfin quelque chose qui attire, qui subjugue, qui remue les entrailles!... J'aime les enfants... (*Il embrasse Jean.*)

GENEVIÈVE. Pierre, jure-moi seulement qu'au milieu de tout ce qui est arrivé, et c'est pour lui... (*Montrant Jean*) que je te demande cela, pour lui, jure-moi que tu es resté honnête homme!...

PIERRE, *se levant furieux.* Geneviève!...

GENEVIÈVE, *effrayée.* Oui, n'est-ce pas?... ma demande est une injure et la colère est de l'indignation?... Oh! mais, je suis bien excusable, je vis dans l'ombre, moi, et si je doute un instant, il faut me pardonner. (*On frappe à la porte.*)

PIERRE. Écoute... on a frappé!

GENEVIÈVE. Oui. (*Elle va ouvrir.*)

PIERRE, *l'arrêtant du geste.* Geneviève! (*Geneviève se retourne étonnée.*) Ouvre!

SCÈNE IV

Les Mêmes, LANDRY, *déguisé en vieux mendiant.*

LANDRY. Mes bonnes gens... il pleut et il vente... on est bien mal à l'aise dehors... si vous vouliez me permettre de m'abriter chez vous jusqu'à ce que l'ouragan ait diminué?

GENEVIÈVE. Entrez, monsieur...

LANDRY. Vous êtes bien obligeante, merci. (*A Pierre.*) Et vous aussi, monsieur... (*Bas à Pierre.*) Eh bien, êtes-vous remis de la secousse de ce matin. (*Pierre le regarde avec étonnement. Haut.*) Oh! le joli petit garçon que vous avez là, c'est à vous!...

GENEVIÈVE. C'est mon fils!

JEAN, *bas à sa mère*. Il me fait peur, maman.

GENEVIÈVE. Enfant!

LANDRY, *bas à Pierre*. Est-ce que la blessure est grave?

PIERRE. Mais...

GENEVIÈVE, *à part*. Ils se sont parlé bas, mon Dieu!

LANDRY, *bas à Pierre*. Eloignez votre femme... Il faut que nous soyons seuls...

GENEVIÈVE, *à part*. Que se passe-t-il donc?..

LANDRY. Ma foi, puisque vous m'avez accordé l'hospitalité, vous me permettrez bien de m'asseoir un instant, là. (*Il s'assied. — Au petit Jean.*) Viens, petiot, viens...

JEAN. Non, je ne veux pas. (*Il va auprès de sa mère*).

LANDRY. Diable! t'es farouche... (*A Pierre, bas.*) Hâtez-vous, c'est pressé; dans votre intérêt.

GENEVIÈVE, *à part*. Oh! je découvrirai tout!

PIERRE. Dites donc, mon brave homme, vous ne refuseriez pas de boire un verre de vin en mangeant un morceau, sans façon... ça vous réchauffera?...

LANDRY. Eh bien, c'est pas de refus, je grelotte tout d'même et...

PIERRE, *à Geneviève*. Geneviève, tu entends?... As-tu quelque chose ici?

GENEVIÈVE. Non.

PIERRE. Ah!

GENEVIÈVE. Mais si tu le veux, je puis aller jusqu'à la ferme, à dix minutes d'ici, et je trouverai bien de quoi.

PIERRE. C'est ça, va, et ne sois pas longtemps, car je pense que ce brave homme ne serait pas fâché de...

LANDRY. Ma foi non... ma foi non...

GENEVIÈVE. Il veut m'éloigner, mais je saurai toute la vérité... le doute m'est devenu insupportable.

PIERRE. Eh bien, Geneviève?...

GENEVIÈVE. J'y vais, j'y vais... Viens, Jean, viens avec moi. (*Elle disparaît un instant, revient et écoute*).

SCÈNE V

PIERRE, LANDRY, GENEVIÈVE
et JEAN cachés.

PIERRE. Parlez...

LANDRY. La chose est bien simple... (*Il ôte sa perruque et paraît jeune.*)

PIERRE, *étonné*. Qui êtes-vous? je vous ai déjà vu.

LANDRY. C'est moi qui suis accouru à votre secours, ce matin, lorsque vous avez failli être arrêté par messieurs les gens du roi... et que vous vous êtes si bravement défendu.

PIERRE. Silence, parlez bas...

LANDRY. Nous sommes seuls...

PIERRE. En effet, c'est bien vous qui m'avez aidé à me dégager de l'étreinte de deux enragés qui voulaient absolument me faire prisonnier. Et à quoi dois-je votre intervention en ma faveur, car vous ignoriez sans doute la cause de ce qui se passait?...

LANDRY. Si je l'avais ignorée, je ne me serais pas mêlé de vos affaires. Je n'agis jamais que par conviction, et ce n'est qu'au parti du bon droit que j'offre mes services... Je savais pourquoi l'on voulait vous arrêter.

PIERRE. Impossible!

LANDRY. J'étais là le soir de l'affaire.

PIERRE. Quelle affaire?...

LANDRY. Il y a des maisons de jeu à Grenoble... on y joue beaucoup. Il y a foule, et, ma foi, je ne sais pas si vous partagerez mon avis, mais les cartes se salissent bien vite, en passant par les mains de tant de gens... je suis un peu bégueule, moi, et vous?... Oui, vous devez avoir l'épiderme d'une délicatesse extrême, car ce soir-là, pour ne pas toucher les cartes de vos voisins, vous aviez eu soin d'en apporter d'autres toutes neuves et toutes fraîches.

PIERRE. Taisez-vous, vous vous trompez!

LANDRY. Non, j'étais près de vous... Oh! vous ne pouvez pas vous rappeler mon visage, j'étais déguisé en honnête homme. Je suis même un de ceux que vous avez vol... que vous avez gagnés... Ah! c'était admirable, monsieur!

PIERRE. Cela n'est pas!

LANDRY. Depuis cette heure-là, je ne vous ai pas perdu de vue... Seulement d'autres que moi vous avaient observé... des impuissants ou des envieux.... Une dénonciation fut faite, votre signalement donné, et voilà toute l'histoire.

PIERRE. Après?

LANDRY. Après?... c'est la défaite ou la victoire. D'un moment à l'autre on peut découvrir votre retraite... Il faut prévenir les événements.

PIERRE. Je lutterai.

LANDRY. J'y compte bien.

PIERRE. Enfin, pourquoi êtes-vous venu?

LANDRY. Pour vous assurer les moyens de vaincre.

PIERRE. Comment?

LANDRY. Une centaine d'hommes dévoués n'attendent qu'un chef... prononcez!

PIERRE. Jamais!...

LANDRY. Pas possible!

PIERRE. C'est un moyen épouvantable, je refuse.

LANDRY. Vous préférez les galères ou la mort?

PIERRE. Non... mais pourquoi êtes-vous donc venu? Allez-vous-en! On étouffe ici... que résoudre? J'ai besoin d'air!

LANDRY. Sortons un moment...

PIERRE. Viens! viens! (*Ils sortent.*)

SCÈNE VI

GENEVIÈVE, JEAN, puis le père SYLVAIN.

GENEVIÈVE, *sortant à gauche*. Dieu puissant! soutenez-moi! qu'ai-je à faire maintenant? Ah! je ne sais pas comment je ne suis pas devenue folle, quand j'ai entendu là... (*A Jean, en l'embrassant.*) Pauvre enfant! que vas-tu devenir?... Voyons, que la raison ne m'abandonne pas... Il va revenir... il va me trouver là... et s'il obéit au mauvais génie qui veut l'entraîner... que fera-t-il de nous deux? Le suivre! jamais! Plutôt la mort que la honte et l'infamie pour mon enfant! (*A Jean.*) Non, va, tu ne seras pas sa victime!

JEAN. Maman, qu'est-ce que tu as donc?

GENEVIÈVE. Mais, mon Dieu, que faire? (*Ici, on entend la voix du père Sylvain qui chante au fond, vers la gauche.*) Ah! est-ce une inspiration? (*La voix se rapproche; elle va au fond.*) Il va sans doute s'arrêter ici un instant... Oui... il approche... le voilà... allons, il le faut! Venez, venez père, Sylvain!

SYLVAIN. Qu'est-ce que vous avez donc?

GENEVIÈVE. Laissez-moi vous parler comme à mon père...

SYLVAIN. Est-ce qu'il y a quelque malheur?

GENEVIÈVE. Oui, mon père. Ne me demandez rien et écoutez-moi bien... Tenez, voulez-vous que je me mette à vos genoux, pour que vous m'écoutiez?...

SYLVAIN. Eh bien! quoi donc? Parlez, ma fille.

GENEVIÈVE. Voulez-vous sauver mon enfant, mon petit Jean que vous aimez bien, et que vous avez embrassé si souvent? voulez-vous le sauver du plus grand malheur qui puisse arriver?

SYLVAIN. Je vais faire ce que vous allez m'ordonner...

GENEVIÈVE. Prenez-le... emmenez-le avec vous... gardez-le avec soin jusqu'au jour où je viendrai le chercher.

SYLVAIN. Oui...

JEAN. Oh! maman...

GENEVIÈVE. Il le faut, mon fils. Oh! je t'aimerai toujours, va!...

SYLVAIN. Qu'est-ce qui est donc arrivé?

GENEVIÈVE. Je ne peux pas vous le dire... Dieu me le défend.

SYLVAIN. J'obéis.

GENEVIÈVE, *qui a pris une bourse dans un meuble*. Tenez, mon père, il y a là dedans de quoi suffire à tous vos besoins pendant quelque temps... Allez! Jean, embrasse-moi, sois obéissant avec papa Sylvain, va... il t'aime bien aussi. J'irai te voir bientôt...

SYLVAIN. Ah çà, mais oui, n'est-ce pas, vous viendrez?...

GENEVIÈVE. Ah! que me demandez-vous là?

SYLVAIN. Geneviève, bénissez votre enfant!

GENEVIÈVE. Oh! oui, cher petit bien-aimé, va sans crainte, ta mère t'aime et te bénit.

SYLVAIN. C'est Dieu qui vous inspire, Geneviève, vous me l'avez dit. C'est à Dieu que j'obéis...

GENEVIÈVE. A votre tour, bénissez-moi, mon père!...

SYLVAIN, *lui mettant simplement la main sur la tête*. A la garde de Dieu! (*On entend plusieurs voix, entre autres celle de Pierre*).

GENEVIÈVE. Allez, allez, j'irai vous remercier bientôt, je l'espère... (*Elle fait entrer Sylvain à gauche, et Pierre paraît, effaré, puis Landry.*)

SCÈNE VII

GENEVIÈVE, PIERRE, puis LANDRY.

PIERRE, *à lui-même, sans voir Geneviève*. Ah! c'est horrible! Et j'ai pu écouter leurs propositions infâmes! C'est qu'ils m'ont troublé un instant par leur effroyable logique! Enfin, j'ai résisté! Et puis, est-ce que jamais personne songera à venir me chercher ici, dans cette maison isolée, perdue dans les montagnes? S'ils me découvraient, pourtant! Oh! alors... Allons, je suis fou! est-ce qu'ils oseraient m'arrêter?

GENEVIÈVE, *qui s'est avancée vers lui*. Et s'ils l'osaient, Pierre, que ferais-tu?

PIERRE. Geneviève!

GENEVIÈVE. Je sais tout!

PIERRE. Comment?... hein?

GENEVIÈVE. J'étais là, j'ai tout entendu.

PIERRE. Entendu quoi?

GENEVIÈVE. L'aveu de ton crime!

PIERRE, *se levant*. Malheureuse!

GENEVIÈVE. Oh! j'ai bien écouté, va! j'aurais été si heureuse de t'entendre démentir les paroles de cet homme quand il a osé dire que tu avais volé au jeu!

PIERRE, *furieux*. Tais-toi!

GENEVIÈVE. Oh! tu peux me tuer, va, la mort me serait douce à côté de la douleur que j'ai ressentie quand j'ai appris cette affreuse vérité!

PIERRE. La vérité? Eh! la connais-tu bien tout entière? Si je t'expliquais comment tout est arrivé...

GENEVIÈVE. Ne cherche plus à m'abuser, Pierre, le mal est irréparable.

PIERRE. Eh bien?

GENEVIÈVE. Eh bien, comme d'un moment à l'autre on découvrira l'endroit où tu te caches, il faut chercher un autre asile, s'il en est temps encore.

PIERRE. Et toi?

GENEVIÈVE. Oh! moi, qu'importe! que suis-je, moi? j'ai tout quitté pour toi. Tu m'as pris à ma famille... Je t'aimais, je t'ai donné ma vie sans te demander la tienne!...Va-t'en, je ne compte plus... va-t'en!

PIERRE. Fuir, me sauver, allons donc? J'aime mieux les attendre.

GENEVIÈVE. Ah! tu vois bien que tout est désespéré. La lutte, n'est-ce pas? oui, tu lutteras par orgueil... et sais-tu ce qui arrivera? Comme tu succomberas d'abord sous la loi, parce que la loi, étant juste, sera la plus forte, la haine entrera dans ton cœur... et si tu redeviens libre, tu rêveras la vengeance et les représailles... toujours par orgueil. Alors tu t'associeras sans scrupule à une société d'hommes sans nom et sans aveu, tu t'en feras un rempart, et pour échapper à cette loi terrible et implacable qui te poursuivra toujours, et sans relâche, tu te plongeras en aveugle dans une voie de plus en plus criminelle, une voie de meurtres et de sang!

PIERRE. Tais-toi!

GENEVIÈVE. Pour échapper à tes juges, tu seras bien forcé de fuir, de fuir toujours, et dans ta fuite tu écraseras sans pitié ceux qui se trouveront sur ton passage.

PIERRE. Je te dis que non!

GENEVIÈVE. Pour ne pas être tué, tu tueras... et un matin, les yeux rouges d'insomnie, la poitrine gonflée de remords... Pierre le voleur se réveillera Pierre l'assassin!...

PIERRE. Je ne veux pas que tu prononces ce mot-là!

GENEVIÈVE. Ah! j'ai bien fait, mon Dieu! j'ai bien fait de sauver mon enfant.

PIERRE. Ton enfant! que veux-tu dire?

GENEVIÈVE. Je veux dire que j'en mourrai peut-être si je ne le revois plus... mais que du moins je lui aurai épargné la honte et le déshonneur. (*En ce moment on aperçoit Sylvain tenant l'enfant, sur une hauteur, disparaître par le sentier.*)

PIERRE. Encore un mot!

GENEVIÈVE. Pierre, tu n'embrasseras plus jamais ton enfant, il est parti pour toujours.

PIERRE. Ah! qu'as-tu dit là? Où est-il? réponds!

GENEVIÈVE. Je ne vous le dirai pas.

LANDRY, *paraissant à la fenêtre.* Aux grands maux les grands remèdes. Vous êtes découvert. Dans cinq minutes votre maison sera entourée de soldats.

GENEVIÈVE. Tu entends?

PIERRE, *à Landry.* Qu'ils viennent! Où est l'enfant? répondez!

GENEVIÈVE. Jamais!

PIERRE. Vous savez que j'aime cet enfant?

GENEVIÈVE. Non, puisque vous l'avez flétri.

PIERRE. Malheureuse!

LANDRY. Décidément, vous restez? Adieu!

PIERRE. Attends!... Geneviève, dis-moi où est mon fils? et tout ce qu'un homme peut faire pour réparer la plus grande faute, je le ferai.

GENEVIÈVE. Il n'est plus temps.

LANDRY. Alerte!

PIERRE. Le moyen d'échapper?...

LANDRY. Sommes-nous d'accord?

PIERRE. Oui. (*Landry donne un coup de sifflet. On répond.*) Que fais-tu?

LANDRY. Je gagne quelques minutes de plus... vous avez le temps de faire vos adieux ici.

PIERRE. Quel est ce signal?

LANDRY. Je viens d'annoncer à nos hommes que vous consentez à être leur chef, et ils m'ont

répondu : Il peut compter sur nous. (*Ici on entend un coup de feu suivi de plusieurs autres.*) Tenez, voilà qui prouve qu'on peut se fier à leur parole: ils ont aperçu les soldats, et, pour retarder leur marche jusqu'ici, ils ont engagé la lutte avec eux; mais hâtez-vous!

PIERRE. Viens, Geneviève.

GENEVIÈVE. Non, laisse-moi; je ferai bien ce que des bandits osent faire: j'offrirai ma vie à ceux qui te cherchent, cela te donnera quelques minutes de plus encore. (*Coups de feu. — Les bandits descendent de la montagne ; ils entrent.*)

LANDRY, *à droite.* Par ici, maître. (*Au mot de maître, tous les bandits se découvrent.*)

PIERRE, *à lui-même.* Arrêté, jamais, jamais! (*A Geneviève.*) Viens!

GENEVIÈVE. Non!

PIERRE. Veux-tu me dire où est mon fils?

GENEVIÈVE. A l'heure où vous avez cessé d'être honnête homme, vous avez cessé d'être père ; vous n'avez plus d'enfant, Pierre Dumont!

PIERRE. Allons, la destinée m'entraîne. (*A Landry.*) Montre-moi le chemin. (*Ils disparaissent. Les bandits fuient ; coups de feu ; les soldats entrent en scène. Geneviève tombe à genoux.*)

GENEVIÈVE. Faites de moi ce que vous voudrez.

FIN DU PREMIER TABLEAU

ACTE DEUXIÈME

Deuxième tableau : la Ferme de Montrouge

SCÈNE PREMIÈRE

GERVAIS, FRANÇOISE.

Gervais vient du fond; il regarde autour de lui pour s'assurer que personne ne le voit, va à gauche vers la grange, soulève deux bottes de paille et en retire une bouteille; il la débouche, la regarde amoureusement et va la porter à ses lèvres, quand Françoise, qui a paru au fond presque en même temps que lui, et qui a épié tous ses mouvements, la lui arrache des mains.

FRANÇOISE. Ah ! je t'y prends encore!

GERVAIS, *ébahi.* Ah! Françoise!

FRANÇOISE. Et il a le front de vouloir être mon mari un jour !

GERVAIS, *abasourdi.* Eh ben!

FRANÇOISE. Eh ben? Qu'est-ce que tu peux dire? quand tu m'avais tant promis... je te surprends. (*Elle montre la bouteille.*)

GERVAIS. Ah ! c'est ma moi! c'est elle...

FRANÇOISE. Qu'est-ce que tu dis?

GERVAIS. C'est vrai... moi, j'étais tranquille; c'est elle qu'est venue me faire des agaceries.

FRANÇOISE. Oui, oui, tu veux avoir l'air... Ça te regarde; tout ce que je peux t'assurer c'est que Françoise Tony ne sera jamais la femme d'un ivrogne.

GERVAIS. Un ivrogne, un ivrogne...

FRANÇOISE. Je ne m'en dédis pas.

GERVAIS. Comme ça exagère toujours, ces femmes! parce que de temps en temps... Et puis, c'est de ta faute aussi...

FRANÇOISE. Ma faute. En v'là bien d'une autre !

GERVAIS. Oui... là! si j'étais ton mari et si t'étais ma femme depuis le temps que tu me l'as promis. Eh ben... je ne boirais plus, parce qu'enfin... moi, c'est par ennui, par chagrin...

FRANÇOISE. Oh! tu voudrais me faire accroire!

GERVAIS. Tiens!... le cœur, ça s'altère aussi, et cette soif-là... ça monte au gosier, ça dessèche... et il faut bien alors... Tiens, v'là que ça me prend, Françoise... donne-m'en une toute petite gorgée...

FRANÇOISE. Jamais!...oh! t'es fin... mais je ne m'y laisse pas prendre. Tu m'as demandé un jour si je voulais t'épouser... je t'ai dit : oui, à condition que tu te corrigerais, car t'avais déjà ce vilain défaut-là quand je t'ai connu.

GERVAIS. Tu pourrais ben avoir raison. Eh ben, écoute... Le jour de not' noce... j'enterre cette mauvaise habitude; ça va-t-il?

FRANÇOISE. Non, avant... ou jamais ! Tiens, veux-tu que je te prédise une chose, Gervais? C't' habitude-là deviendra un vice; et lors.... ça te fera peut-être faire un grand malheur... Prends garde!

GERVAIS. Hein?... comme tu me dis ça, toi, Françoise!... tu me ferais presque peur. (*Ici on entend des claquements de fouet et le bruit d'une voiture qui s'arrête à la porte de la ferme.*) Qu'est-ce que c'est que ça?

FRANÇOISE. Ça ne peut être que monsieur Bernard.

GERVAIS. Sitôt? Il est allé dîner en ville à Paris, avec son fils, et il devait rentrer tard, à ce qu'il nous a dit.

FRANÇOISE. Va donc voir, plutôt. (*Gervais remonte. — Pierre, Bernard et Henri paraissent à la porte du fond.*)

SCÈNE II

LES MÊMES, BERNARD, HENRI.

BERNARD. Gervais, va dételer le cheval et rentrer la voiture; je te recommande Grison... de ce temps-ci, la pauvre bête ruisselle et nous sommes venus bon train.

GERVAIS, *qui a été prendre un seau qui se trouve dans le fond.* C'est-il ennuyeux tout de même d'avoir chez soi un puits qui ne donne plus d'eau... il faut toujours courir quand on en a besoin.

HENRI. Tu devrais y être habitué; tu sais bien que depuis plusieurs années déjà il est desséché.

GERVAIS, *qui regarde le fond du puits avec terreur.* Ça a l'air d'une grande fosse... comme un cimetière.

FRANÇOISE. Ah! poltron!... aussitôt que la nuit vient... v'là sa tête qui déménage.

GERVAIS. C'est vrai tout de même ce qu'elle dit, Françoise. Le jour, quand il fait un beau soleil surtout, je crois que rien ne pourrait m'effrayer, monsieur Bernard. Eh ben, quand le jour s'en va... sur le coup de neuf à dix heures, comme ça... je ne sais pas ce qui me passe devant les yeux... je vois rouge et noir... C'est pas que j'ai peur des voleurs, toujours! (*Au mot de voleur, Bernard fait un mouvement.*)

HENRI. Ça ne sera rien... ça ne sera rien... c'est le sang, mon garçon. Mais va, ce pauvre Grison t'attend... il a soif.

FRANÇOISE. C'est comme Gervais, il a toujours soif, lui.

HENRI. Hein?

FRANÇOISE. Rien... monsieur. (*Elle pousse devant elle Gervais; ils sortent tous deux.*)

SCÈNE III

HENRI, BERNARD.

HENRI, *à Bernard qui est devenu pensif.* A quoi pensez-vous donc, mon père ? (*Bernard ne répond rien.*) Mon père?...

BERNARD, *comme réveillé en sursaut.* Hein?.. ah ! tu es là?

HENRI. Est-ce que vous auriez quelque inquiétude, mon père... quelque chagrin?

BERNARD. Moi? qu'est-ce qui pourrait te faire croire?

HENRI. Mon père, je ne vous cacherai pas mes craintes, répondez-moi franchement! Pourquoi, ce matin, en vous éveillant, avez-vous demandé à tous ceux de votre maison, à Gervais, à Françoise, à tout le monde, avec un empressement qui m'a paru étrange, si c'était bien aujourd'hui le vingt-quatre juillet mil sept cent soixante-dix... comme si vous aviez une pensée secrète attachée à cette date?

BERNARD, *gêné*. Est-ce que je le sais moi-même!

HENRI. Pourquoi vous hâter de rentrer à la ferme de bonne heure ce soir ?

BERNARD. Ah çà! monsieur mon fils, vous allez me faire le plaisir de vous taire avec vos suppositions, vos enfantillages. Que ne me demandez-vous aussi pourquoi j'ai la goutte et pourquoi il y a des jours, et des soirs surtout, où mes nerfs travaillent plus que de coutume... J'aurai bientôt soixante ans, monsieur Henri... (*Mouvement d'Henri.*) Allons, voyons, ne revenons plus là-dessus, si j'ai demandé à rentrer ici de bonne heure, c'est que j'avais besoin de me reposer, voilà tout... et tu vas bien, j'espère, m'en donner la permission?

HENRI. Mon père...

BERNARD. Allons, retire-toi, et rassure-toi surtout. Ce que je puis te dire, c'est qu'il n'y a dans ma façon d'être aucun sujet de crainte.

HENRI. En effet, quel chagrin pourrait vous affliger?... J'ai beau regarder dans votre vie, je n'y vois rien qui pourrait l'obscurcir; vous êtes presque riche, et de ce côté vous n'avez rien à craindre pour l'avenir.

BERNARD. Riche!... riche! Oui, tu as raison, si l'on mesure la richesse à l'exiguïté des besoins.

HENRI. Quant à votre position morale, il y a peu d'hommes qui jouissent comme vous d'une considération aussi éprouvée et dont l'honneur soit devenu comme proverbial.

BERNARD. — Oui, n'est-ce pas? là-dessus on ne pourrait rien dire, et je crois que Pierre Bernard n'aurait pas besoin d'élever la voix pour se défendre si la calomnie essayait un moment de le flétrir.

HENRI. Est-ce possible!

BERNARD. Eh bien, là-dessus, donne-moi une poignée de main, dis-moi bonsoir, et va te reposer... Avec ça que j'ai un compte à vérifier avant de me coucher... Tu sais? la dernière vente que nous avons faite... va!

HENRI. Bonsoir, mon père. (*Fausse sortie.*) Eh bien, je peux dormir tranquille?

BERNARD, *lui tapant sur la joue amicalement.* Va donc, grand bêta!

HENRI. Bonsoir! (*Il sort.*)

SCÈNE IV

BERNARD, *puis* L'AHURI *et* LANDRY.

BERNARD, *seul.* Cher enfant! Bon fils! son cœur m'avait deviné; serait-il donc vrai que Dieu ait établi entre les pères et les enfants un lien si resserré... un instinct, des sympathies tels que l'un des deux ne puisse souffrir sans que cette souffrance ne trouve un écho dans l'âme de l'autre? Cela doit-être. Oui, Henri, tu m'as compris... Oui, ces impatiences, ces caprices, ces tristes préoccupations que tu as surprises en moi... oui, c'était du tourment, de l'inquiétude, de la peur!... Ah! c'est que tu ne sais pas encore, toi, jusqu'à quel point on peut pousser les craintes scrupuleuses de l'honneur; tu ne sais pas ce que c'est d'être pendant des années le gardien fidèle d'un dépôt confié à votre loyauté... Huit cent mille francs!... Il y a déjà six ans, six ans aujourd'hui même, que monsieur le comte de la Marlière est entré ici et m'a dit : « Pierre Bernard, je suis forcé de partir, de quitter la France, peut-être pour longtemps... Je me fie à toi, prends ces huit cent mille francs et garde-les jusqu'au jour où je viendrai moi-même te les redemander. C'est la dot de ma fille. » Je n'ens besoin de rien lui jurer, il partit. Eh bien, malgré moi, chaque année, quand arrive le jour, l'heure de l'anniversaire, je me prends à trembler... je n'ai pourtant rien à craindre ! Et cependant si le dépôt n'était plus là ! Est-on maître de ces choses-là ? (*Il se dirige vers la pièce de droite, ouvre la porte et va à l'armoire pratiquée dans le mur ; il l'ouvre et en retire un portefeuille qu'il ouvre. En ce moment on voit un homme sortir par l'orifice du vieux puits : c'est Landry, puis un autre personnage : c'est l'Ahuri.*)

LANDRY, *à l'Ahuri, lui montrant la chambre de droite.* Allons! l'Ahuri.

L'AHURI. Non pas ici... pas ce soir.

LANDRY, *faisant un geste menaçant.* Obéis...

L'AHURI. Je ne veux pas qu'on me batte. (*Sur un signe de Landry, l'Ahuri va à la porte de la chambre et examine tout ce que fait Bernard. Landry guette.*)

BERNARD. Ah ! je respire : tout y est bien encore ! Quelle folie ! huit cent mille francs, c'est le 24 juillet 1764, il y a six ans, que monsieur le comte de la Marlière est entré ici. Allons! (*Il remet le portefeuille.*) je dormirai plus tranquille cette nuit. (*Il sort à droite de la chambre.*)

SCÈNE V

L'AHURI, LANDRY.

LANDRY. Eh bien?

L'AHURI. J'ai vu.

LANDRY. Tu sais ce que tu as à faire? (*L'Ahuri ne répond pas.*) Entends-tu, l'Ahuri?

L'AHURI. Oui.

LANDRY. Hâte-toi, je vais t'attendre.

L'AHURI. Non.

LANDRY. Comment! non?

L'AHURI, *montrant la chambre de Bernard.*) Il ne faut pas lui prendre.

LANDRY. Hâte-toi, je vais t'attendre.

L'AHURI. Il est vieux... il a l'air bon.

LANDRY. Encore des caprices? Tu veux donc recevoir la correction ce soir?

L'AHURI, *avec un regard sinistre.* Je ne veux pas qu'on me batte!

LANDRY, *reculant d'un pas sous son regard.* Il a quelquefois des regards... Allons, voyons... (*A part.*) Je crois que la douceur vaut mieux... On ne veut donc plus obéir à son ami?

L'AHURI. Tu n'es pas mon ami, toi.

LANDRY. Ah! ingrat! tu ne disais pas ça il y a dix ans, quand je t'ai trouvé tout petit, errant, mourant de faim, en haillons, sur la grande route, et que tu as sauté de joie en me remerciant de mon hospitalité.

L'AHURI. Oui.

LANDRY. Tu m'as intéressé, et je veux faire quelque chose pour toi, voilà tout.

L'AHURI. Ah!

LANDRY. Mais oui, c'est dans ton intérêt; je travaille à ton avenir.

L'AHURI. L'avenir...

LANDRY. Oui, tu verras, sois obéissant.

L'AHURI. Alors... il faut prendre.

LANDRY. Mais oui, et rapporter au maître.

L'AHURI. Bien.

LANDRY, *à part, en descendant dans le puits.* Ah ! qu'il est donc difficile de faire des élèves, quand la vocation n'y est pas ! Allons, mon petit l'Ahuri, allons !

SCÈNE VI

L'AHURI, *seul.*

L'AHURI, *rêvant.* l'Ahuri! l'Ahuri!... ils m'appellent tous l'Ahuri; ce n'est pas mon nom. Je le connais, moi, mais je ne leur dirai pas. Mon nom, c'est Jean; c'est elle qui me l'a donné... elle, une mère, la mienne! Savez-vous comment cela s'appelle, les mères? Geneviève. Et puis, il y avait encore un bon vieux... avec des cheveux tout blancs, qui m'a emporté... Un soir, il m'a donné ça (*Il montre une lettre qu'il tire de sa poitrine.*) en me disant : « C'est un souvenir d'elle, de Geneviève. (*Il embrasse la lettre.*) Alors il a fermé les yeux, et il s'en est allé... Et puis tout seul... la grande route... les bois... et du mal... là, oh! non, plus de mal... plus tout seul, j'ai peur... je ne veux plus. Il faut prendre, oui... il faut prendre... toujours... (*Il se cache derrière le puits à la vue de Gervais.*)

SCÈNE VII

L'AHURI, *caché*, GERVAIS.

GERVAIS, *du fond avec une lanterne* Là!... le cheval est à l'écurie, la carriole sous le hangar... tout le monde dort. Françoise comme tout le monde. Ah! ma foi, tant pis! (*Il va à la grange et y prend une bouteille.*) Ma petite Françoise, si vous avez fait l'avant-garde prisonnière, il me reste la réserve! Quelle jolie couleur d'uniforme! ça vous donnerait envie d'avaler tous les grenadiers d'un seul coup... et les canons par-dessus le marché! Une, deux, trois, par file à bouche en avant, marche! (*Il en avale.*) Hum! il n'y a que ça au monde! (*Il s'assied sur une botte de paille.*) Comprend-on Françoise, qui me fait un crime de... (*Il boit.*) Elle voudrait donc faire de moi un buveur d'eau !... Allons donc!... Un homme qui ne sait pas boire, c'est pas un homme ! Eh bien, il ne manquerait plus que ça ! (*Il boit et commence à s'échauffer ; il boit toujours. Jean sort de derrière le puits et se glisse jusqu'à la porte de la chambre de droite. Gervais se retourne au bruit que Jean fait en ouvrant la porte.*) Hein! un homme! (*Il regarde.*) Ah! je suis perdu! non, rien, personne... (*Pendant ces mots de Gervais, Jean a ouvert l'armoire pris le portefeuille et ressort de la chambre... Gervais, qui a bu pour se donner du courage, aperçoit de nouveau Jean.*) Qu'est-ce qui est là?

JEAN, *s'arrêtant à la vue de Gervais.* Ah !

GERVAIS. Qui êtes-vous? (*Jean se tait.*) Qui êtes-vous ? (*Il saisit Jean au collet.*)

JEAN. Laisse-moi !

GERVAIS. J'ai pas peur, je ne vous lâche pas!

JEAN. Laisse-moi.

GERVAIS. Vous êtes un voleur... je vais crier !

JEAN, *avec un geste énergique.* Je suis fort!

GERVAIS, *chez qui l'ivresse l'emporte un moment.*) Ah! faut pas faire de mal, on n'est donc plus des amis? (*Ressaisissant Jean qui veut partir.*) Ah ben! non, faut pas s'en aller. Qu'est-ce que vous faisiez là? C'est ici chez Pierre Bernard, je ne veux pas qu'on lui fasse du mal, c'est un honnête homme.

JEAN. Ce n'est pas moi !

GERVAIS. Ce n'est pas lui? En v'là d'une bonne. Je vais appeler.

JEAN. C'est eux qui le veulent.

GERVAIS. Et moi je veux que vous rendiez.

JEAN. Non, jamais.

GERVAIS, *le saisissant au collet et le regardant fixement.* Oh! je te reconnaîtrai, j'ai vu ton visage, misérable!

JEAN, se débattant et sautant dans le puits après avoir soufflé la lanterne. Je ne veux pas que l'on me batte. (*Il disparaît.*)

GERVAIS. Oui... je te... je te... Tiens, où donc est-il? Eh ben, est-ce qu'on laisse les amis comme ça! Ah! c'est pas bien! (*Le jour vient peu à peu. En ce moment on sonne à la porte de la ferme.*) Hein? qu'est-ce qui m'appelle? Je n'y suis pas!... je suis couché! (*Il chante et tombe sur une botte de paille. Françoise sort de côté.*)

SCÈNE VIII

GERVAIS, FRANÇOISE, *puis* LE COMTE.

FRANÇOISE. Qui peut donc sonner de si grand matin? Gervais, qu'est-ce que tu fais là?

GERVAIS, *chantant un refrain.* C'est au fond de la bouteille...

FRANÇOISE. Dans quel état! ah! si ce n'est pas honteux! (*On sonne de nouveau.*) On sonne encore, il faut ouvrir, mais qu'on ne le voie pas dans cet état-là. (*Elle l'aide à se soulever.*) Gervais... viens...

GERVAIS. Avec toi, Françoise... partout... au bout du monde. Dis donc, Françoise, Pierre Bernard, c'est mon ami... Suffit, on verra.

FRANÇOISE. Reste là... (*Elle l'a conduit vers la grange, et va ouvrir.*)

LE COMTE, *au fond.* Veuillez dire à monsieur Bernard que le comte de Marlière désire lui parler.

FRANÇOISE. Oui, monsieur, oui! (*A part.*) Un comte! tiens, c'est drôle! Je vais prévenir monsieur Bernard, monsieur le comte. (*Elle sort.*)

SCÈNE IX

LE COMTE, GERVAIS, *caché.*

LE COMTE. Enfin, me voilà de retour! Six longues années loin de mon pays! loin de mon enfant! Cruelle absence, sois bénie, puisque je te dois deux bonheurs à la fois : revoir la France et embrasser ma fille! Puisque c'est au prix du tourment qu'on achète la jouissance, tourment, exil, absence, soyez bénis!

SCÈNE X

LES MÊMES, BERNARD, *puis* LANDRY.

BERNARD, *entrant.* Monsieur le comte de Marlière!

LE COMTE. Votre main, Pierre Bernard.

BERNARD. Je vous attendais, monsieur le comte; un pressentiment me disait que je vous reverrais bientôt... Mais j'ai hâte de vous prouver que vous avez bien fait de vous confier à moi, il y a six ans; et je vais sur-le-champ... (*Il va à la chambre.*)

LE COMTE. Me confier à vous! en avez-vous douté un seul instant, Pierre Bernard! Croyez-vous qu'en venant vous demander ce service, je ne vous avais pas jugé d'avance? Je m'y connais en noblesse, et j'avais depuis longtemps deviné la vôtre... la noblesse du cœur!

BERNARD. Monsieur le comte, vous trouvez à dire de ces mots qui, à eux seuls, payeraient vingt années de dévouement.

LE COMTE. Avez-vous été heureux, Bernard, depuis que je vous ai quitté?

BERNARD. Heureux! oui, monsieur le comte. Je suis assez riche pour moi, et j'ai un fils qui m'aime. Mais vous, monsieur le comte, oserai-je vous demander comment vos six années d'absence...

LE COMTE. Comment j'ai vécu? J'ai attendu, mon ami, j'ai attendu... Il est inutile de vous reparler des causes qui avaient amené mon ordre d'exil; vous devez les connaître comme moi, ou du moins supposer le rôle infâme et puissant que jouent dans le monde l'intrigue et la calomnie. Mes ennemis l'avait emporté... J'ai dû quitter la France et tous ceux qui m'étaient chers. J'ai beaucoup souffert là-bas, pendant ces six éternelles années! Ah! j'aurais donné encore bon nombre de ces années qui me restent à vivre pour un baiser de ma fille, de ma Gabrielle! Je recevais de ses nouvelles souvent. La dernière lettre me dit qu'elle est belle comme sa mère, ma Gabrielle!

BERNARD. Eh bien, il ne faut pas la priver du bonheur de vous embrasser, car elle doit elle-même...

LE COMTE. Oui, ses lettres me disent son amour. Oh! elle serait déjà dans mes bras si je n'étais arrivé aussi tard dans la nuit. J'ai craint qu'une surprise trop violente, une joie trop forte... et comme je passais près d'ici, je me suis dit : Que mon premier serrement de main soit au moins pour l'homme que j'estime le plus au monde.

BERNARD. Ce que j'ai fait est bien simple.

LE COMTE. C'est que c'est sa dot, à cette chère enfant. Depuis quelque temps ma fortune s'était altérée; j'aurai assez pour moi; je suis vieux, et je pourrai mourir tranquille! Mais voici que le jour vient déjà; je vais vous quitter, je ne résiste pas à l'envie d'embrasser cette chère petite.

BERNARD. Mais vous ne partez pas avant de reprendre possession de...

LE COMTE. Oh! je ne suis pas entré chez vous exclusivement dans cette intention. Vous me ferez remettre cette somme demain, après-demain, quand vous jugerez à propos.

BERNARD. Non, pas demain, pas ce soir, monsieur le comte, tout de suite.

LE COMTE. Vous avez le temps, pourquoi?

BERNARD. Pourquoi? Eh bien, je respirerai plus à mon aise quand je vous aurai remis ce dépôt... Je vous le dirai, car vous me comprendrez, monsieur, depuis six ans j'ai eu bien des nuits sans sommeil et je suis accouru bien souvent dans cette chambre pour m'assurer si le portefeuille était toujours là... laissez-moi...

LE COMTE. Comme vous voudrez, Bernard... donnez-moi donc...

BERNARD, *allant à l'armoire.* Ah! (*Gervais se soulève.*)

LE COMTE. Qu'avez-vous donc?

BERNARD. Rien! rien! il n'y a plus rien!

LE COMTE. Vous vous trompez, Bernard! c'est la crainte... l'inquiétude... un instant de délire.

BERNARD. Oh non, je ne suis pas en délire! C'est bien l'affreuse vérité : l'armoire vide! non! non! je suis déshonoré!...

LE COMTE, *près de l'armoire.* Voyons, Bernard, cherchez bien; vous ne vous souvenez plus : ce n'est peut-être pas là que vous l'avez placé?

BERNARD. Si! si! vous dis-je, là!... Je l'ai encore vu... touché ce soir... puisque je vous ai dit tout à l'heure que je ne dormais plus, monsieur le comte... Ah! c'est horrible, mais on me l'a donc volé!

GERVAIS, *s'éveillant.* Volé!... qui est-ce qui parle de voleur?

BERNARD. Ah! vous ne doutez plus maintenant! mais je suis déshonoré, moi, je le répète! Mais c'est affreux! mais qu'est-ce que je vais faire? je n'ai plus qu'à mourir! A quoi m'a donc servi maintenant toute une vie de travail et de labeur? à me voir flétrir en un instant par un misérable hasard... car vous doutez déjà, n'est-ce pas, vous, monsieur le comte! et bientôt... demain... dans une heure, dans quelques minutes... qui sait? vous m'accuserez peut-être!

LE COMTE, *accablé.* Moi!... moi!... Bernard!

BERNARD. Oui!... vous! monsieur le comte! et qui sait!... vous avez peut-être raison... quand on est innocent... il faut le prouver... Qu'est-ce que vous voulez que je prouve, moi? Qu'on m'a volé! (*Il sanglote.*)

GERVAIS, *s'éveillant tout à fait. A part.* Ah! misérable que je suis!

BERNARD. Volé! volé!... est-ce que quelqu'un a vu? si quelqu'un avait vu seulement!

GERVAIS, *à part.* Ah! tout dire serait avouer ma lâcheté!

BERNARD. Mais comment découvrir? je ne suis pourtant pas coupable, allez! je le gardais bien scrupuleusement, mais... qu'est-ce que vous voulez que je dise, moi? je ne sais plus rien. Vous vous taisez, vous avez raison, parbleu! Tous les raisonnements de la terre ne détruiraient pas ce qui est... l'horrible vérité... Ah! mon Dieu, mon Dieu! Aussi, pourquoi diable aller confier huit cent mille francs à une bête brute comme moi!

LE COMTE. Revenez à vous, Bernard. Encore une fois, vous vous trompez peut-être, et qui sait si tout à l'heure...

BERNARD. Non, jamais! jamais, allez! Mais qui donc a osé pénétrer jusqu'ici cette nuit? Mais c'est infernal! Qui donc? que je l'écrase!

LE COMTE. Adieu, Bernard!

BERNARD. Vous partez... et... Ah! vous voyez bien que vous m'accusez!

LE COMTE. Je n'ose pas vous accuser, je ne puis que vous plaindre. Adieu!

BERNARD. Il croit que je suis un malhonnête homme!

SCÈNE XI

BERNARD, HENRI, GERVAIS.

HENRI, *qui a entendu les derniers mots.* Un malhonnête homme! qu'avez-vous, mon père?

BERNARD. Oui! il a raison... il a raison, je suis déshonoré!

HENRI. Expliquez-moi, mon père...

BERNARD. Rien... rien. Tu ne dois rien apprendre, Henri... Sais-tu ce que c'est que l'honneur? C'est la vie! Henri, ton père est mort. Prie pour ton père, Henri... (*Il tombe accablé.*)

HENRI. Mon père!

GERVAIS, *à part.* Oh! je retrouverai le coupable, moi! j'ai vu son visage!!

FIN DU DEUXIÈME TABLEAU.

ACTE TROISIÈME

Troisième tableau : Jean l'Ahuri

Le Théâtre représente Salon, chez le comte de la Marlière.

SCÈNE PREMIÈRE

LE COMTE *seul, puis* HENRI.

Au lever du rideau, le comte lit une lettre; un domestique, au fond, attend la réponse.

LE COMTE, *après avoir lu, au domestique.* Vous répondrez que j'aurai l'honneur de recevoir aujourd'hui monsieur Claude Fauvel. (*Le domestique salue et sort par le fond.*)

HENRI, *sortant de droite.* Vous désirez me parler, monsieur le comte?

LE COMTE. Oui, Henri, oui, j'ai un conseil à vous demander; vous êtes mon secrétaire, mon ami...

HENRI. N'avez-vous pas été le mien dès le premier jour où je vous ai connu?

LE COMTE. Vous êtes venu à moi, il y a un an; vous m'avez offert ce que vous aviez d'esprit et de cœur; franchement et loyalement, j'ai désiré connaître votre nom... vous m'avez dit que vous vous nommiez Henri. — Ma famille est une honnête famille, avez-vous ajouté. — Je ne vous ai même pas demandé le nom de cette famille; j'ai deviné qu'il y avait un secret caché au fond de votre silence, et je l'ai respecté. Vous m'avez plu; la sympathie ne se commande pas, l'estime est venue. — Depuis un an que je vous connais, cette estime s'est accrue; vous êtes un ami pour moi. — J'ai un conseil à vous demander; voulez-vous me répondre?

HENRI. Parlez, monsieur le comte!

LE COMTE. Je suis sur le point de marier ma fille.

HENRI, avec un étonnement douloureux. Ah!

LE COMTE. Oui, vous connaissez celui à qui je destine Gabrielle; vous l'avez vu ici souvent... monsieur Fauvel..... il m'a été présenté par un ami à moi..... Monsieur Fauvel est un membre de la haute bourgeoisie, tenant une position très-honorable, riche et bien de sa personne...

HENRI. Mais, avec tous ces avantages, il me semble que ce mariage.....

LE COMTE. Il y a une autre question plus grave peut-être que toutes les autres, Henri... Ma fille aime-t-elle monsieur Claude Fauvel?

HENRI. C'est justement ce que j'allais vous demander, monsieur le comte.

LE COMTE. Ou bien, l'aimera-t-elle un jour?

HENRI. C'est une heure solennelle que celle qui doit décider du bonheur ou du malheur d'une enfant que l'on chérit. Il n'y a qu'une affection bien vraie, bien puissante, qui puisse remplacer les soins et l'amour d'un père. Le cœur se consume et meurt, faute d'un autre cœur qui le comprenne. Pardonnez-moi, monsieur le comte, de vous parler avec un intérêt qui pourrait vous paraître exagéré, mais vous m'avez demandé de vous répondre avec franchise.

LE COMTE. Vous avez bien fait; j'y penserai encore. (Il se fait un silence, le comte reprend.) Il y a autre chose, Henri, que je voudrais vous dire...

HENRI. Vous pouvez parler avec confiance, monsieur le comte...

LE COMTE. Eh bien... en supposant que ce mariage pût faire le bonheur de ma fille, il me rendrait deux fois heureux, moi; car... je ne sais si vous n'allez pas en secret me traiter d'égoïste... car il apporterait dans ma position et mes besoins une amélioration qui m'est devenue presque indispensable. Je ne sais si vous me comprendrez bien...

HENRI. Oui, monsieur le comte, oui... En effet... monsieur Claude Fauvel possède, dit-on, une fortune immense?

LE COMTE. Oui! — Il y a un an environ, une fatalité... un malheur que je n'ose pas encore qualifier, m'a fait perdre les deux tiers de ce que je possédais et dont j'avais disposé déjà d'avance pour la dot de Gabrielle...

HENRI. Je devine vos ennuis... monsieur le comte... je les ressens... que Dieu juste, qui dirige tout, fasse votre fille heureuse... et vous rende le bien-être que vous méritez...

LE COMTE. Si le cœur de ma fille n'était plus à elle, si elle en aimait un autre!

HENRI, troublé. Oh! alors, monsieur le comte, comme cet autre ignorerait son bonheur, sans doute, il se tairait; et votre fille vous aime tant qu'elle finirait par oublier... (Gabrielle paraît au fond.)

LE COMTE. Laissez-moi avec elle, Henri. A bientôt.

HENRI, saluant; à part, sortant à droite. Allons! c'est un rêve que j'aurai fait! (Il sort.)

SCÈNE II

LE COMTE, GABRIELLE.

GABRIELLE entre du fond, elle a un bouquet à la main; se croyant seule. Les jolies fleurs!... quel fraîcheur! quel parfum!... Je les ai vues grandir... à peine écloses, et maintenant... ne dirait-on pas que c'est pour moi que le soleil les a fait fleurir?... (Elle réfléchit un instant.) pour moi?... J'ai peut-être mal fait de les séparer de leur tige... Ces pauvres fleurs... oui... je suis une méchante... N'est-ce pas comme si l'on me séparait de mon père...

LE COMTE, s'avançant. Te séparer de moi, chère enfant!

GABRIELLE, avec un petit cri de surprise. Ah!... (Le comte l'embrasse.) Vous étiez donc là, mon père?

LE COMTE, gravement. Oui... et je suis bien aise de te voir... j'ai à causer avec toi...

GABRIELLE. Quel ton grave!

LE COMTE. C'est que ce que j'ai à te dire est grave, en effet. — Veux-tu me promettre de répondre bien franchement aux questions que je vais te faire?

GABRIELLE. Oui, mon père...

LE COMTE. Tu auras bientôt dix-huit ans, Gabrielle.

GABRIELLE. Ah! dans deux mois seulement, père...

LE COMTE. Dans deux mois, oui, tu as raison. J'ai soixante ans bientôt, Gabrielle et je dois songer à ton avenir. — Si un homme que je jugerais digne de mon estime venait à moi, et me disait : Monsieur le comte, je vous demande la main de votre fille?

GABRIELLE, émue. Me marier?

LE COMTE. Je l'ai dit, Gabrielle, que j'aurais choisi cet homme digne de toi. Et ce n'est qu'après avoir consulté ton cœur...

GABRIELLE. Me séparer de vous? jamais, mon père!

LE COMTE. Pourquoi donc un mariage serait-il une séparation... Comprends-moi bien encore une fois : ce n'est pas au premier venu que j'irais confier ton avenir. Suppose un homme que je connaisse déjà depuis longtemps, dont j'aie pu apprécier les mérites, qui ait toute ma confiance : n'aurait-il pas la tienne aussi?

GABRIELLE, très-émue. Sans doute, mon père... Mon Dieu... mon père... dites... dites... le nom de celui à qui vous destinez ma main?

LE COMTE. Tu le veux, Gabrielle?

GABRIELLE. Oui, mon père...

LE COMTE. Eh bien, tu le connais.

GABRIELLE. Ah!

LE COMTE. Tu l'as vu souvent, bien souvent, tu le verras aujourd'hui.

GABRIELLE. Ah! c'est...

LE COMTE. Monsieur Claude Fauvel.

GABRIELLE, étouffant un cri de surprise douloureuse. Ah!

LE COMTE. Eh bien, Gabrielle... qu'as-tu? tu te soutiens à peine, tu pâlis!

GABRIELLE. Moi? non, mon père... non, vous vous trompez... c'est... je ne m'attendais pas... et... mais...

LE COMTE. Gabrielle, mon enfant... ce cri que tu as étouffé... réponds... Je t'ai dit que je t'obéirais... tu refuses?

GABRIELLE. Non, mon père... je ne refuse pas... Mais, vous me l'avez dit... tout à l'heure, ne faut-il pas que j'interroge mon cœur.

LE COMTE. Oui, oui... mon Dieu, je t'ai parlé trop brusquement, n'est-ce pas? Pardonne-moi... pardonne-moi... Je te laisse... nous reparlerons de cela plus tard... nous avons le temps... Mais tu me pardonnes!

GABRIELLE. Oh! mon père!...

LE COMTE. Eh bien, tu réfléchiras, tu verras, tu... Au revoir, ma Gabrielle. (Il se dispose à sortir.)

GABRIELLE, à part. Ce n'est pas lui!

SCÈNE III

LES MÊMES, LOUISE, paraissant au fond.

LE COMTE. Ah! c'est vous, Louise; qu'y a-t-il?

LOUISE. Monsieur le comte, il y a là un garçon qui demande à vous parler...

LE COMTE. Un garçon... qui... Son nom?...

LOUISE. Il s'appele Gervais... et dit qu'il est déjà venu ce matin et que mademoiselle Gabrielle lui a dit de revenir dans le courant de la journée.

GABRIELLE. Ah! oui... je sais, mon père.

LE COMTE. C'est bien, qu'il entre! (Louise part.)

GABRIELLE. Mon père, c'est un brave garçon dont la figure franche et réjouie m'a plu. Il est venu demander, ce matin, s'il pouvait entrer à votre service, et comme justement nous avons une place vacante... l'empressement qu'il a mis à faire cette demande m'a décidée à presque lui promettre de...

LE COMTE. Voici ton protégé.

SCÈNE IV

LES MÊMES, LOUISE, GERVAIS, au fond.

LE COMTE, à Gabrielle. Tu dis que ce garçon te plaît?

GABRIELLE. Il a l'air si bon et si honnête!

LOUISE, à Gervais, au fond. Entrez donc, et parlez.

GERVAIS, très-embarrassé. Monsieur...

LOUISE, à Gervais. Monsieur le comte.

GERVAIS. Le comte...

LE COMTE. C'est bien, c'est convenu.

GERVAIS. Quoi donc, monsieur?

LE COMTE. Je vous accorde ce que vous demandez...

GERVAIS. Mais, je n'ai rien demandé!

LE COMTE. Vous faites partie de la maison.

GABRIELLE, à part. Bon père!...

GERVAIS. Vrai? c'est vrai? Ah! quel bonheur! (Il saute au cou de Louise et l'embrasse.)

LOUISE. Eh bien, qu'est-ce qu'il a donc? (Gervais s'arrête tout confus.)

LE COMTE, à Gabrielle. Es-tu contente? Louise, conduisez ce garçon auprès de monsieur Bertin; qu'il s'entende avec lui sur les dernières conditions à régler... Viens, Gabrielle!

GABRIELLE. Oui, mon père. (Gabrielle et le comte sortent par le fond.)

LOUISE, montrant la gauche à Gervais. Par ici, monsieur... monsieur?

GERVAIS. Gervais...

LOUISE. Passez tout droit.....

GERVAIS. Après vous, mademoiselle... mademoiselle?

LOUISE. Louise.

GERVAIS. Après vous, mademoiselle Louise. (Louise passe, Gervais la suit; ils sortent.)

SCÈNE V

HENRI, *seul, sortant de droite.*

Elle va se marier... oui, elle se mariera. Elle aime son père... elle a deviné le changement qui s'est opéré depuis un an dans sa fortune.... Elle a compris ses tourments, ses privations toutes nouvelles pour lui, et elle est capable de lui sacrifier son bonheur. — Oui, elle sera la femme de cet homme.... Et moi?... a-t-elle jamais pensé à moi?... Allons, c'est dit, je ne resterai pas une heure de plus dans cette maison. Un mot à monsieur le comte, qu'il ne m'accuse pas au moins d'ingratitude. (*Il écrit.*) Pardon, mon père... j'oublie, en ce moment, que vous n'avez que moi au monde, mais je souffrirais trop, etc.... Et maintenant, qui remettra cette lettre au comte?... (*Il sonne. Gervais paraît en livrée.*)

SCÈNE VI

GERVAIS, HENRI.

GERVAIS. Ça veut dire qu'on m'appelle? présent.

HENRI. Gervais! toi ici, sous ces habits?

GERVAIS. Oui, monsieur Henri.

HENRI. Que signifie?

GERVAIS. Ça signifie, monsieur Henri, que j'ai aussi voulu ma part de dévouement, moi; ça signifie que monsieur Pierre Bernard, votre brave père, a besoin de nous, et que je veux lui prouver que je n'ai pas oublié ce qu'il a fait pour moi autrefois.

HENRI. Eh bien! est-ce que je ne suis pas là, Gervais?

GERVAIS. V'là justement la chose; je me suis dit : je gagnerai bien aussi quelques écus; bah! ça sera ça de plus ajouté au magot.

HENRI. Mais n'y avait-il pas d'autres moyens? cette livrée, crois-tu que je souffrirai?..

GERVAIS. Pourquoi donc pas, monsieur Henri? qu'est-ce que cela fait, le dehors, allez, quand le dedans répond pour lui?

HENRI. Brave Gervais!

GERVAIS. Et puis, plus ça coûte de prouver aux gens qu'on les aime, plus on le fait avec plaisir... Savez-vous que je regardais votre père, hier encore... Savez-vous qu'il m'a fait bien de la peine... C'est qu'il est changé à ne plus le reconnaître, depuis ce jour terrible du mois de juillet de l'année dernière; c'est que ses cheveux sont tout blancs, et ses pauvres yeux sont creusés par les larmes. Je l'avais bien dit, qu'avec son honneur sa vie s'en irait!...

HENRI. Jour de mystère pour moi, mystère impénétrable!... Et je n'ai jamais pu arracher à mon père le nom de l'homme qui lui avait confié ce dépôt sacré!... Toi-même, Gervais, n'as-tu jamais rien appris qui pourrait nous éclairer?

GERVAIS, *troublé.* Moi?... rien... jamais... Tout ce que je sais, c'est que le coup a été terrible, que votre brave père est malheureux!... Et c'est pas à ce moment-là qu'il faut regarder, pour lui donner un peu de bien-être, à plus ou moins de galons dorés sur son habit... Et puis, j'ai mon idée à moi!

HENRI. Brave cœur!... Et comment as-tu pénétré jusqu'ici?

GERVAIS. Mon Dieu, c'est bien simple. J'ai dit comme ça : J'ai des bras, du cœur et du courage, avez-vous besoin de quelqu'un? On m'a dit : Ça se pourrait bien, entrez. J'ai entré!... Il se trouve qu'il y avait une place vacante de domestique... En voulez-vous? qu'on m'a dit. Oui, que j'ai répondu. J'avais mon idée, moi... Alors, j'ai été parler à un monsieur très-grave

qui m'a dit : Vous gagnerez tant. J'ai accepté. J'ai mis sur mon dos cet habit-là, qui m'a bien un peu égratigné le cœur quand je l'ai senti sur mes épaules... Mais, bah!... j'avais toujours mon idée... et voilà comme ça s'est fait, monsieur Henri.

HENRI. Et l'on ne t'a même pas demandé d'où tu venais?

GERVAIS. Mon Dieu, non!... Ah! après ça il faut vous dire que j'ai été reçu d'une façon si serviable, que...

HENRI. C'est monsieur le comte, peut-être... il est si bon!

GERVAIS. Non, c'est pas un homme qui m'a ouvert quand j'ai frappé...

HENRI. Qui donc? Louise?...

GERVAIS. C'est pas une femme non plus...

HENRI. Je ne te comprends pas...

GERVAIS. C'est un ange!...

HENRI. Mademoiselle Gabrielle?

GERVAIS. Tiens, vous avez deviné! Mais, j'y pense... est-ce que ce n'est pas vous, tout à l'heure, qui avez sonné?... c'est pour ça que j'étais venu...

HENRI. Oui, c'est moi, mon pauvre Gervais; pour entrer en fonctions, tu vas commencer par me rendre un service. Tiens, voici une lettre que je venais d'écrire. Prends-la, et dans une heure tu la remettras à monsieur le comte de la Marlière.

GERVAIS. Pardonnez-moi, monsieur Henri, si je vous observe que... mais vous ne pouvez donc pas parler vous-même à monsieur le comte, que vous lui écrivez?

HENRI. Il faut que je sorte à l'instant... C'est une chose très-pressée et monsieur le comte ne pourrait peut-être pas m'accorder le temps nécessaire pour que je lui explique...

GERVAIS. Oui, oui... ça se fait comme ça peut-être, dans le grand monde...

HENRI. Oui, oui, je puis compter sur toi?

GERVAIS. Soyez tranquille, monsieur Henri.

HENRI. C'est bien, au revoir, Gervais. (*Fausse sortie.*) Tiens, Gervais, quand on rencontre des cœurs comme le tien, on est presque honteux de se plaindre soi-même... on rougit de ses propres douleurs...

GERVAIS. De ses douleurs?... que dites-vous, monsieur Henri? Est-ce vous qui êtes honteux de vous plaindre? Vous plaindre, vous! — Vous avez donc des tourments, des chagrins?

HENRI. Eh bien, oui, tu as toujours raison; ce serait injuste, ingrat de ma part d'avoir une pensée secrète pour toi, le seul ami véritable que je connaisse. Gervais, je t'ai remis une lettre tout à l'heure pour monsieur le comte de la Marlière?

GERVAIS. Oui, oui.

HENRI. Eh bien, cette lettre, c'est un adieu éternel que j'adresse à cette maison. Je vais partir, Gervais, partir pour toujours!

GERVAIS. Partir? vous! ah çà! qu'est-ce que ça veut dire?

HENRI. Cela veut dire que j'étais né pour le malheur, Gervais.

GERVAIS. Comment? encore un mot!

HENRI. Je te dirai tout, Gervais, mon ami... J'aime mademoiselle Gabrielle de la Marlière, et mademoiselle Gabrielle va se marier.

GERVAIS. Allons, c'est pas possible; puisque vous l'aimez, il faut qu'elle soit votr'femme.

HENRI. Avant un mois peut-être, elle sera la femme de monsieur Claude Fauvel.

GERVAIS. Claude Fauvel? connais pas; mais c'est égal... monsieur Henri, faut pas vous ensauver comme ça... il faut voir... Ce mariage n'est pas fait, que diable!... attendez un peu; il faut si peu de chose pour que ça manque un mariage! Restez... restez... me v'là ici... on ne sait ici. Il y a un bon Dieu, que diable!...

SCÈNE VII

LES MÊMES, FAUVEL, *au fond.*

FAUVEL, *à Gervais.* Laquais, annoncez au comte de la Marlière que monsieur Claude Fauvel désire lui parler.

GERVAIS. C'est lui!... (*Mouvement de Henri.*) Monsieur Henri, du calme!

FAUVEL. Ne m'avez-vous pas entendu?...

GERVAIS, *sans le regarder.* Vous êtes monsieur Claude Fauvel?

FAUVEL. Faut-il te le répéter?

GERVAIS. A qui croyez-vous donc parler.

FAUVEL. Mais, au laquais de monsieur le comte, je crois?...

GERVAIS, *furieux.* Un laquais?... moi!... (*Il regarde sa livrée.*) C'est vrai, pourtant... et moi qui avais déjà oublié... (*Henri lui serre la main.*)

GERVAIS. Ah ben! dam! il faut s'y faire; c'est pas si facile à porter ces habits-là, voyez-vous...

FAUVEL. Eh bien?

GERVAIS. Je vais vous annoncer, monsieur Claude Fauvel.

SCÈNE VIII

FAUVEL, HENRI.

FAUVEL, *à Henri.* Laissez-moi!

HENRI. Personne ne me commande ici, moi. Monsieur le comte de la Marlière, vous le dira lui-même. (*Il sort par la droite.*)

FAUVEL, *seul un instant.* Ah çà! on marche donc sur des orties dans cette maison, aujourd'hui? (*Jean l'Ahuri paraît sous un déguisement.*)

SCÈNE IX

FAUVEL, JEAN.

JEAN, *au fond.* Maître!...

FAUVEL. L'Ahuri! toi ici... imprudent! N'oublie pas qu'ici tu es muet. (*l'Ahuri lui remet une lettre. La prenant.*) De Landry! un avertissement, sans doute. (*Il lit.*) « Défiezvous! il y a auprès du comte un nommé Henri, son secrétaire. Cet Henri est le fils de Pierre Bernard, le fermier de Montrouge. Il aime la fille du comte. (*Regardant la porte de Henri.*) Ah! bah! nous verrons. (*A l'Ahuri.*) C'est bien! retourne là-bas et dis que j'ai lu.

SCÈNE X

LES MÊMES, GERVAIS, *paraissant à gauche.*

GERVAIS. Monsieur le comte attend monsieur Claude Fauvel.

FAUVEL. C'est bien! (*Il entre à gauche. — Henri sort de droite.*)

SCÈNE XI

GERVAIS, *seul, puis* HENRI.

GERVAIS, *après avoir regardé Jean.* Ah çà, j'ai la berlue! (*Il court fermer la porte. Jean se trouve pris entre Gervais et Henri.*) Qui es-tu? d'où viens-tu? (*Jean se tait.*)

HENRI. Qu'y a-t-il donc, Gervais ?...

GERVAIS. Il y a que, si je ne me trompe pas... si ce dont je crois me souvenir est réel...

HENRI. Explique-toi donc!

GERVAIS. Attendez!... (*A Jean.*) Qu'es-tu venu faire ici? (*Jean fait comprendre qu'il est venu avec Fauvel.*) Tu es au service de monsieur Fauvel! (*Jean fait signe que oui.*) Mais, parle donc!... (*Jean fait signe qu'il est muet.*) Il est muet! ce n'est pas lui.

HENRI. Qui, lui?...

GERVAIS. Celui qui est cause de notre malheur à tous!... celui qui, il y a un an... a volé.

HENRI. Tu supposerais...

GERVAIS. Dam! je ne sais plus, moi, puisque l'autre... celui que je soupçonne, parlait... et que celui-ci est muet. (*Bas.*) Dites donc, monsieur Henri, s'il allait ne pas être muet! Ça s'est vu.

HENRI. Allons donc! regarde son visage, cet cet air souffrant et craintif. C'est un pauvre être abandonné que le hasard aura jeté dans l'obscure condition qu'il occupe et que je crois incapable d'une pareille infamie. (*Jean regarde Henri avec sympathie.*)

GERVAIS, à Jean. Voyons, parle! c'est bien vrai que tu es muet?... (*Jean fait signe que oui, et regarde toujours Henri.*)

HENRI. N'est-ce pas que tu serais incapable de commettre un vol? (*Jean fait signe qu'il ne comprend pas le mot vol.*)

GERVAIS. Il a l'air de ne pas comprendre... Voler! c'est prendre. (*Jean fait signe que non.*)

HENRI. Et si, par une fatalité à laquelle tu aurais obéi, tu en étais arrivé, malgré toi, à cette infamie, et que tu eusses ainsi causé le désespoir de toute une famille, fait blanchir en une nuit les cheveux d'un brave et honnête homme... (*Jean l'arrête du geste et lui demande de s'expliquer au mot de cheveux blancs.*) Oui, mon père, qui pleure son bonheur depuis ce jour-là... N'est-ce pas, que si tu étais la cause même involontaire d'un si grand malheur, et tu lui dirais: Je vais réparer le mal que j'ai fait! et si jamais tu avais connu ta mère, si tu avais senti ses caresses et ses baisers, n'est-ce pas, qu'à ce souvenir tu te sentirais ému jusqu'au fond de toi-même, et qu'au prix de ton sang tu rendrais le calme au vieillard qui meurt de désespoir. (*Jean l'arrête et le supplie de se taire en pleurant à sanglots.*)

HENRI, à Gervais. Tu vois bien que ce n'est pas là le coupable.

GERVAIS, pleurant. Non. (*Jean regarde Henri avec une tendre attention, va à lui, lui demande sa main qu'il baise, lui met la main sur la tête en signe de protection et demande à sortir. — Gervais ouvre la porte. — Jean se dispose à sortir.*)

GERVAIS, apercevant Fauvel revenir de gauche. Monsieur Fauvel, qui revient. (*Au nom de Fauvel, Jean prend une dernière fois la main à Henri et se sauve précipitamment.*)

GERVAIS, sortant par le fond. Est-ce un avertissement?

SCÈNE XII

FAUVEL, HENRI.

FAUVEL, à part, en entrant. Elle l'aime, tant pis pour lui!... (*A Henri, qui se dispose à rentrer à droite pour éviter Fauvel.*) Pardon! (*Henri se retourne.*) C'est à monsieur Henri que j'ai l'honneur de parler?

HENRI. Oui, monsieur.

FAUVEL. J'ai deux mots à vous dire.

HENRI. Je vous écoute!

FAUVEL. Je serai bref... je n'aime pas les phrases. Vous aimez mademoiselle de la Marlière?

HENRI. Monsieur...

FAUVEL. Vous l'aimez. — Je veux être son mari : donc, vous me gênez.

HENRI. Après?...

FAUVEL. L'un de nous deux est de trop dans cette maison... Comme il me plaît d'y entrer bientôt, il serait prudent à vous d'en sortir.

HENRI. Monsieur, si je n'étais pas ici chez un homme aussi honorable que l'est monsieur le comte de la Marlière ; si je ne lui devais pas toute la reconnaissance que mérite un homme de sa valeur, il y a longtemps que je vous aurais demandé raison de vos railleries insolentes.

FAUVEL. Oh! ne vous gênez pas, demandez. J'ai hâte de vous répondre.

HENRI. Monsieur, songez à quel jeu vous jouez à cette heure.

FAUVEL. Comme vous l'entendrez...

HENRI. Songez-vous que...

FAUVEL. Ah! c'est trop de paroles. Je vous ai dit que je ne les aimais pas. Au reste, voici mon dernier mot, et regardez-moi bien, monsieur, vous verrez que je suis grave et sérieux! J'aime mademoiselle de la Marlière, je l'aime plus que ma vie... Que décidez-vous?

HENRI. Quand, monsieur?

FAUVEL. Si vous daignez vous rendre, dans deux heures, rue d'Enfer, au cabaret *de la Grappe d'or*, vous m'y rencontrerez. Là, nous choisirons l'endroit.

HENRI. J'y serai, monsieur! dans deux heures. Mais pas de scandale, que personne ne sache ici...

FAUVEL. Du scandale? allons donc! vous oubliez qui vous êtes, monsieur.

HENRI. Que voulez-vous dire?

FAUVEL. Du scandale? vous riez! soyez tranquille. Que dirait le comte de la Marlière, s'il apprenait que je me suis battu avec le fils d'un voleur!

HENRI. Le fils d'un voleur? moi! mon père!

FAUVEL. Le vingt-quatre juillet mil sept cent soixante-dix. Il y a un an.

HENRI. Misérable! lâche! (*Il s'élance sur Fauvel, qui lui arrête le bras.*)

FAUVEL. Allons! je suis bien sûr que vous viendrez... le temps d'aller chercher mes témoins...

HENRI. Non! pas de témoins, seul avec vous... et à mort!

FAUVEL. Oui, à mort! Henri Bernard.

SCÈNE XIII

HENRI, seul.

O mon Dieu! prenez pitié de moi! Il a osé dire que mon père... Que m'importe, après tout! Qui sait? dans deux heures peut-être cet homme n'existera plus. Oh! il a raison, il y a un de nous deux de trop au monde. Allons, le temps d'aller embrasser mon père. (*Il va pour sortir, Gabrielle paraît.*)

SCÈNE XIV

HENRI, GABRIELLE.

GABRIELLE. Monsieur Henri, ne sortez pas.

HENRI. Vous, mademoiselle!

GABRIELLE. Oui, moi, j'étais là, j'ai tout entendu. Par pitié, restez, cet homme vous tuera!

HENRI. Il a insulté mon père, mademoiselle de la Marlière. Priez pour moi! (*Fausse sortie.*)

GABRIELLE. Vous ne vous battrez pas, Henri!

HENRI. Si, je me battrai. Eh! il me tuera peut-être : tant mieux... Qu'ai-je à faire dans la vie, moi? Que je meure donc, si mon sang peut laver un outrage fait au nom de Pierre Bernard!

GABRIELLE. Henri, restez... Mais je ne trouverai donc rien pour vous convaincre.

HENRI. Non... laissez-moi partir, allez, j'obéis à ma destinée. Il le faut, je ne m'appartiens plus. Vivre, parce que peut-être dans un mois vous serez la femme d'un autre?

GABRIELLE. Non,, mais... parce que je vous aime, Henri!

HENRI. Vous?

GABRIELLE. Et maintenant, voulez-vous mourir encore?

HENRI. Non! oh! non! je veux vivre! Oh! merci, merci! Mais vous voulez donc que je sois lâche? Mais il a insulté mon père, il l'a appelé voleur... et il vit et je suis là... et il va m'attendre tout à l'heure. Ah! Gabrielle, merci, merci, mais il le faut!

GABRIELLE. Vous voulez donc que je meure aussi?

HENRI. Non, nous vivrons, nous vivrons; votre amour me sauvera... je reviendrai... Eh! vous rougiriez de m'aimer si je ne vengeais pas l'honneur de mon père outragé! Adieu, Gabrielle, adieu! je vous aime! (*Il sort comme en délire.*)

SCÈNE XV

GABRIELLE seule; elle tombe évanouie.

Ah! mon Dieu... Mon Dieu! je ne le reverrai plus!

SCÈNE XVI

GABRIELLE, GERVAIS.

GERVAIS. Mademoiselle! qu'y a-t-il?... évanouie!

GABRIELLE. Ah! sauvez-le! sauvez-le!

GERVAIS. Qui donc?

GABRIELLE. Lui... Henri... il va se battre.

GERVAIS. Avec qui?

GABRIELLE. Avec monsieur Fauvel, qui l'a provoqué.

GERVAIS. Ah le gueux!... et où sont-ils allés?

GABRIELLE. Ah! je ne sais... je ne me souviens plus: Ah! attendez... dans deux heures... rue d'Enfer, *la Grappe d'or*.

GERVAIS. Compris, ça y est! soyez tranquille, mademoiselle... En deux temps j'y suis!

GABRIELLE. Empêchez-le... dites-lui... dites-lui que...

GERVAIS. Je lui dirai que vous l'aimez, parbleu! il n'y a rien comme ça, en duel, pour rendre le coup d'œil sûr et le poignet solide. En attendant... priez... priez et comptez sur Gervais. (*Il sort en courant.*)

ACTE QUATRIÈME

Quatrième tableau : le Cabaret de la rue d'Enfer

Le Théâtre représente un Cabaret.

SCÈNE PREMIÈRE

JEAN, PIERRE BERNARD, LANDRY, FARGEOT, SYVANDRE, BANDITS ET BOHÉMIENNES.

(*Le premier Bandit est bossu, Jean est aussi à l'écart et observe Pierre.*)

PIERRE, frappant du poing sur la table. Une bouteille!

SYLVANDRE, montrant Bernard. Tiens, ce vieux-là qui en est déjà à la cinquième...

FARGEOT. En voilà un qui vous caresse sa

demi-douzaine, et sans qu'il y paraisse, encore...
L'habitude est une seconde nature, a dit un
philosophe de l'antiquité...

SYLVANDRE, *riant.* Ah! ah! ah! ah!

TOUS, *riant.* Ah! ah!

LANDRY, *lui frappant sur l'épaule.* Ah çà!
dis donc, biscornu du diable, tu veux donc que
je te fasse ressortir ta bosse par devant?...

SYLVANDRE. Qu'est-ce que je dis?

LANDRY. Tu ris...

SYLVANDRE. Eh bien! est-ce que l'on ne peut
plus rire à présent?

LE LIEUTENANT. Non, mille carcasses de pen-
du!..

TOUS, *portant la main à leur cou.* Hein?...

LE LIEUTENANT. C'est l'heure du travail : que
chacun se retire et songe à son travail. (*A Jean,
qui feint de dormir*). Allons, Jean, secoue-toi
un peu.

JEAN. Je ne veux pas qu'on me batte!... (*Les
Bandits sortent.*)

SCÈNE II

JEAN, PIERRE, *se réveillant.*

PIERRE. A quoi sert de boire? puisque je
pense toujours!... Quand le déshonneur vient
frapper à votre porte, il demeure éternellement
chez vous; il vous ronge le cœur peu à peu.
Ah! je voudrais bien oublier, ne fût-ce qu'une
heure! J'ai pourtant bien mal dans la tête. J'ai
le front pris comme dans un cercle de plomb...

JEAN *vient vers Bernard.* Tu souffres? Je
t'aime!

BERNARD. Qui es-tu, enfant?

JEAN. Un malheureux comme toi... Je te
connais et tu ne me connais pas; pourtant, je
ne t'ai vu qu'une fois,... qu'un moment,.. Je te
sauverai...

BERNARD. Que veux-tu dire? Comprends-tu ce
que tu dis là?

JEAN. Oui; tu es bien malheureux,... mais
bientôt la justice viendra... Les bons ne pleu-
reront plus. Les méchants mourront, d'abord,
elle me l'a dit...

BERNARD. Qui?

JEAN. Celle que je vois la nuit, en rêve! oh!
je voudrais toujours rêver!... Adieu... Il ne faut
pas qu'on me voie avec toi... Mais, sois tranquille... je veille... Les méchants mourront.
(*Il sort.*)

SCÈNE III

BERNARD, *seul un moment, puis Gervais.*

Pauvre insensé! Qui vient comme pour railler
mon désespoir! Ah! buvons encore... qui sait,
si je ne peux pas engourdir la douleur... que
je la tue donc! (*Après avoir bu.*) Ah! je
souffre! je souffre! (*En ce moment Gervais
paraît, essoufflé, à la porte du fond.*)

SCÈNE IV

BERNARD, GERVAIS, *puis COLOMBE.*

GERVAIS, *paraissant.* Ah! m'y voilà! heu-
reusement j'arrive avant monsieur Henri!

BERNARD, *levant la tête.* Henri? qui est-ce
qui parle d'Henri?

GERVAIS. Monsieur Bernard!... ici?

BERNARD, *qui ne reconnaît pas Gervais à
cause de son ivresse et de l'habit de livrée
de Gervais.* Oui, c'est moi; ça vous étonne,
n'est-ce pas? de me voir dans un lieu pareil
et dans un tel état! Qu'est-ce que vous voulez?
c'est le seul moyen de m'arracher un instant à
cette pensée qui me poursuit depuis un an, une
ce mauvais rêve qui me semble parfois une
réalité... Mais, quant à Henri, que personne
ne songe à rejeter sur lui le moindre soupçon,
je le tuerais celui-là!...

GERVAIS. Oh! soyez tranquille, allez, ce n'est
pas moi...

BERNARD, *le saisissant au collet!* Oui, je
le tuerais... celui qui oserait flétrir mon fils...

GERVAIS. Mais, vous ne me reconnaissez donc
pas... monsieur Bernard?... vous me secouez
là... comme un prunier!

BERNARD, *le reconnaissant.* Ah!

GERVAIS. C'est moi, Gervais!

BERNARD. Gervais?... comment... cet habit?...

GERVAIS. Oui, oui; vous allez me demander
aussi comment il se fait que vous me rencon-
triez ici?... Je vous expliquerai tout ça, c'est
bien simple; mais vous, monsieur Bernard?

BERNARD. Moi?... ah! que veux-tu? je viens
de te le dire, je cherche l'oubli, que je ne trouverai jamais! Je suis honteux de moi, je n'ai
pas la force de rester en face de ma pensée...
J'ai cherché à travailler... et je me suis arrêté
en me disant : A quoi bon?... tu es trop vieux...
arriveras-tu jamais à amasser, pour la resti-
tuer, la somme que tu as volée?

GERVAIS. Ah! qu'est-ce que vous dites donc
là?... mais vous savez bien que ce n'est pas
vous!

BERNARD. Il y a des moments où j'en doute,
Gervais, alors je bois... je bois... C'est que,
vois-tu, j'avais bâti ma vie sur l'estime de tous
ceux qui me connaissent... Je croyais bien être
à l'abri du soupçon et de la calomnie... J'avais
pour moi mes quarante ans de probité, de dévouement.

GERVAIS. Mais vous savez bien que vous êtes
innocent. Est-ce que la conscience n'est pas là?

BERNARD. Sans elle, je serais déjà mort, Gervais!... Ah! il y a un an, si j'avais été jeune
encore, si j'avais eu vingt ans... j'aurais dit à
celui qui a douté de moi... C'est bien, je suis
innocent, mais vous me croyez coupable!...
donc, je vous dois... J'ai ma vie pour vous
payer, et il aurait bien fallu... je ne sais par
quel moyen... il aurait bien fallu... fût-ce avec
mon sang, que je lui payasse ma dette à mon
dernier soupir; mais à mon âge... Et alors tu
comprends... je vis comme je peux depuis ce
moment-là... (*Il va pour boire.*)

GERVAIS, *l'arrêtant.* Oui, mais il ne faut pas
boire, monsieur Bernard, ça fait mal, voyez-
vous. Tenez, moi, depuis un certain soir où j'y
avais laissé ma raison, je me suis bien juré que
jamais je ne recommencerais; on ne sait pas
où ça mène, l'ivrognerie... on ne sait pas tous
les maux que ça peut causer...

BERNARD. Un certain soir... toi aussi?

GERVAIS. Oui... oui... un soir, que j'ai été
bien coupable... Mais... enfin... suffit, je ne
bois plus que de l'eau.

BERNARD. Et voilà où le chagrin peut mener,
mon pauvre Gervais; qu'est-ce que je devien-
drais si je n'avais pas mon fils... mon fils qui
me gagne ma vie, qui travaille pour m'apporter de l'argent avec lequel je vais je ne sais
où chercher de la distraction dans l'abrutisse-
ment et l'ivresse... Je rougis de moi-même. (*Il
pleure.*)

GERVAIS. Voyons, monsieur Bernard, il ne
faut pas vous faire de la peine comme ça... il
vaudrait mieux rester chez vous... et ne pas
boire surtout.

BERNARD. Eh bien, oui, tu as raison, je ne
boirai plus, je veux... retravailler... Gervais, je
suis content de t'avoir rencontré ici... je suis
content que tu aies été témoin de ma honte...
c'est une leçon... j'en profiterai... Cela me fait
penser que c'est aujourd'hui, ce soir, que Henri
doit venir me voir à la maison... je ne veux
pas être absent quand il viendra... Je veux
qu'il me trouve tout changé... A revoir... Gervais... Tiens! mais je n'ai pas payé... il faut
appeler.

GERVAIS. Non, non. (*A part.*) Et son fils qui
va venir! (*Haut.*) Ne vous inquiétez pas de ça...
Je payerai... et vous me rendrez ça...

BERNARD. Mais, mon garçon...

GERVAIS. Je vous en prie, monsieur Bernard,
donnez-moi cette preuve d'amitié...

BERNARD. Ça me fait du bien, Gervais, cette
conversation-là... je vais embrasser Henri et je
me porterai comme un charme, j'en suis sûr.
Au revoir...

GERVAIS. Au revoir, monsieur Bernard.

SCÈNE V

GERVAIS, *seul.*

GERVAIS. Embrasser son fils... Pourvu que
les affaires tournent bien!... Et quand on pense
que c'est moi en grande partie qui suis cause
de tout ce qui est arrivé, que si je n'avais pas
été dans un état dégradant, j'aurais peut-être
empêché ce grand malheur... Oh! non, je ne
boirai plus jamais... Ah! si, je me payerai un
bon verre de vin le jour où j'aurai retrouvé le
brigand qui a osé... (*On voit trois bandits
qui sont entrés à pas de loup s'asseoir à
une table. Gervais tressaille au bruit que
fait l'un d'eux en frappant son verre sur la
table pour appeler. Ce sont Landry, Fargeot
et Sylvandre.*) Hein!... Ah! ce sont des pra-
tiques... Il y a de drôles de figures dans ce cabaret... ils ont tout au plus l'air d'honnêtes
gens, ceux-là... Ce n'est pas que j'aie peur...
Mais l'heure passe avec tout ça... et je ne vois
venir ni monsieur Henri... ni d'autre. (*Il va
pour s'en aller; le premier bandit l'arrête
du geste. C'est Fargeot.*)

FARGEOT, *bégayant.* Prenez pitié d'un pauvre homme qui est privé de la vue, monsieur,
et qui ne peut plus travailler.

GERVAIS, *à part.* En voilà une figure!...
(*Haut.*) Vous êtes donc aveugle?

FARGEOT. Ceci vient de ce que je n'y vois pas.

GERVAIS, *à part.* Voudrait-il se moquer de
moi? Il a l'air d'y voir très-bien; au surplus,
je vais bien m'en assurer... j'ai justement sur
moi une pièce de vingt-quatre sous et quelques
liards. (*Il lui présente d'une main vingt-
quatre sous et de l'autre un liard.*)

FARGEOT, *prenant les vingt-quatre sous.*
Merci, monsieur.

GERVAIS. Mais, c'est la pièce de vingt-quatre
sous que vous prenez, vous n'êtes donc pas
aveugle!...

FARGEOT, *feignant de s'être trompé.* Oh!
c'est par hasard, monsieur, je vous assure...

GERVAIS. Rendez-moi ma pièce de vingt-quatre sous! Vous êtes un voleur!... vous êtes un
voleur!

FARGEOT. Vous êtes bien heureux que je sois
sourd, car si j'avais entendu ce que vous venez
de me dire...

GERVAIS. Qu'est-ce que je vous ai dit?

FARGEOT. Que j'étais un voleur, monsieur.

GERVAIS. Si vous l'avez entendu, vous n'êtes
donc pas sourd, imbécile!

FARGEOT. Assez d'insultes! (*Il sort.*)

GERVAIS, *allant pour sortir.* Eh! mais,
dites donc, et mes vingt-quatre sous? Au voleur!...

SYLVANDRE, *s'avançant pour lui barrer le
passage.* Monsieur, ayez pitié d'un pauvre infirme qui est dans l'impossibilité de gagner sa
vie!

GERVAIS. Encore!... laissez-moi tranquille!..
vous n'êtes pas plus infirme que moi... Allez
vous promener! --

SYLVANDRE. Je suis muet, monsieur!

GERVAIS, *scandalisé.* Ah! c'est trop fort!...
(*A part.*) Et monsieur Henri qui ne vient pas!

(*Haut.*) Allez-vous promener... vous voulez faire comme l'autre.

SYLVANDRE. Mais, monsieur...

LANDRY, *qui jusque-là était resté assis, se lève ; il est manchot ou il paraît l'être ; s'adressant à Sylvandre.* Assez, misérable, assez ! c'est à moi que vous allez avoir affaire !

GERVAIS, *à part.* Ah ! enfin ! voilà un honnête homme !

SYLVANDRE, *à part, à Landry.* Mais comment, lieutenant, c'est vous qui m'aviez dit...

LANDRY, *menaçant.* Sors d'ici !... arrière, misérable ! (*Deux des bandits sortent.*)

SCÈNE VI

GERVAIS, LANDRY.

GERVAIS. Ah ! que je vous sais gré, mon brave homme, de m'avoir débarrassé de ce drôle !... et si je puis reconnaître...

LANDRY. Du tout, monsieur, du tout !

GERVAIS. Ah ! vous êtes trop généreux ! Cependant, si j'osais insister... l'état dans lequel vous vous trouvez...

LANDRY. Un bras de moins ! oh ! qu'est-ce que cela auprès de tant d'autres calamités humaines !

GERVAIS. Comment avez-vous perdu votre bras ?

LANDRY. Oh ! ceci est toute une histoire. Un duel : je me souviens... C'était au pistolet que nous nous battions... je m'en souviens comme si j'y étais encore... Je portais, ce jour-là, ce même habit que vous me voyez ; et ce qu'il y a de curieux, c'est que la balle m'a emporté le bras sans endommager l'habit le moins du monde.

GERVAIS. Ah ! c'est étonnant... Voyons que j'examine un peu ce drap... vous permettez ?...

LANDRY. Comment donc, je vous en prie ! (*Il fouille dans les poches de Gervais ; celui-ci lui arrête la main.*)

GERVAIS. Ah ! vous êtes voleur aussi !... Fripon ! vous dites que vous avez perdu votre bras et le voilà !

LANDRY, *impassible.* Quoi ? monsieur...

GERVAIS. Votre bras.

LANDRY. Mon bras... ce n'est pas possible...

GERVAIS. Au voleur ! au voleur !

SYLVANDRE, *entrant.* Voilà le capitaine.

GERVAIS. Le capitaine ! Oh ! je suis tombé dans une caverne ! Ah ! monsieur Henri est perdu... Au voleur !... Au vol...

FARGEOT, *poussant Gervais.* Entrez donc, je vous prie. (*Ils entrent à droite. Fauvel entre.*)

SCÈNE VII

FAUVEL, LE LIEUTENANT, LANDRY.

FAUVEL. J'aurai besoin de toi, tout à l'heure... j'appellerai... Il va venir ici un homme... J'ai à causer avec lui, qu'on nous laisse seuls.

LE LIEUTENANT. Compris ! (*Il sort.*)

SCÈNE VIII

FAUVEL, *seul.*

Henri viendra, j'en suis sûr... j'ai frappé juste... Allons ! encore quelques heures, et j'aurai brisé l'obstacle qui me sépare de Gabrielle. Je l'aime ! je l'aime ! j'ose à peine prononcer ce mot dans ce repaire infâme... et pourtant cela est... Oui... qui pourrait jamais croire qu'un sentiment aussi profond, aussi vrai, fût entré dans mon cœur ; et pourtant cela est... plus je m'interroge et plus je le sens... Moi, l'homme du silence et des ténèbres... le voleur... le meurtrier... j'aime mademoiselle de la Marlière... Est-ce l'expiation de tout mon passé ? Sont-ce les larmes de Geneviève Morel et celles de mon enfant qui retombent sur moi comme un châtiment ? Je ne sais pas, mais j'aime Gabrielle, je l'aime à donner ma vie pour elle... C'est vrai, pourtant ! Eh !... l'amour est partout... il est en nous... Ah !... pourvu qu'elle ignore à tout jamais... Je l'emmènerai loin... dans un monde inconnu... un monde que j'inventerai pour elle... s'il le faut... Cet amour doit être pour moi ou le repentir sincère... ou le châtiment (*Il se promène, agité*). Mais il tarde bien... cet homme qui ose se jeter sur mon chemin... Qu'il vienne donc !... Ah ! (*Henri paraît.*)

SCÈNE IX

HENRI *avec deux épées,* FAUVEL.

FAUVEL. Je vous attendais, monsieur.

HENRI. Je n'ai pris que le temps d'aller embrasser mon père, monsieur.

FAUVEL. Ah ! c'est juste.

HENRI. Vous ne comprenez pas ces choses-là, vous ?

FAUVEL. Je comprends tout, monsieur.

HENRI. Maintenant, où désirez-vous que nous nous rendions pour en finir ?

FAUVEL. Comment ?...

HENRI. Ne m'avez-vous pas dit que vous me conduiriez dans un endroit favorable ?... Venez...

FAUVEL. C'est inutile.

HENRI. Je ne comprends pas.

FAUVEL. Nous resterons ici, si vous le voulez bien...

HENRI. Nous pouvons être surpris, cette auberge...

FAUVEL. Oh ! rassurez-vous, personne ne nous dérangera. (*Il va fermer la porte.*)

HENRI. Mais vous m'aviez dit ?...

FAUVEL. Auriez-vous peur ?

HENRI *jette une épée à terre.* Défendez-vous, monsieur, je vous attends !

FAUVEL, *calme.* Que faites-vous donc ?

HENRI. Je vous attends.

FAUVEL. Tenez... asseyez-vous donc et causons un peu.

HENRI. Ah ! si c'est une mystification... je saurai bien vous contraindre à la faire cesser, monsieur !

FAUVEL. Ah çà ! vous n'avez donc pas déjà compris que je ne voulais pas me battre !

HENRI. Lâche !...

FAUVEL. Oh ! pas de vilains mots, je vous en prie ! Causons.

HENRI. Défends-toi, où je vais te cracher au visage ! (*Ils coroisent le fer, Fauvel est touché.*)

FAUVEL. L'acier est bien trempé, vous feriez mieux de vous asseoir et de causer. (*Il est cuirassé.*)

HENRI. O mon Dieu !... vous ne me permettrez donc pas de venger mon père ?

FAUVEL. Écoute bien, je suis le maître ici. Tu es en mon pouvoir. Je tiens ta vie entre mes mains. Je t'ai déjà dit que j'allais vite en affaires. Dépêchons ! Je sais que l'honneur est une chose qui compte pour toi. Je crois à ta parole. Jure-moi sur l'honneur que tu renonces à la main de mademoiselle de la Marlière, que tu ne la reverras jamais, et tu es libre.

HENRI. Après ?

FAUVEL. Jure-moi, en outre, que tu ne diras jamais un mot de ce qui vient de se passer ici entre nous, et tu es libre ; sinon... tu es perdu !...

HENRI. Tue-moi ; j'aime mademoiselle de la Marlière !

FAUVEL *prend un sifflet, trois hommes paraissent.* Ouvrez !... (*L'un des bandits soulève une trappe. Fauvel continue. Peu à peu la scène se remplit de bandits et Jean paraît.*) Sais-tu ce qu'il y a au fond de cet abîme ?

HENRI. Je n'ai pas peur.

FAUVEL. D'abord, un escalier souterrain, puis... les Catacombes, d'où l'on ne revient jamais... Henri Bernard, encore une fois, réponds, donne-moi la parole que je t'ai demandée, et tu es libre.

HENRI. Je sais mieux mourir que toi ; voici ma tombe, dis-tu ? J'y descendrai moi-même.

SCÈNE X

LES MÊMES, GERVAIS, *accourant de droite.*

GERVAIS. Arrêtez ! arrêtez ! Ah ! monsieur Henri !

HENRI. Gervais, tu me rappelles que j'ai mon père à venger.

FAUVEL, *aux bandits.* Tu le veux ?... Obéissez, vous autres.

GERVAIS. Au secours ! au voleur !

HENRI. Dieu nous regarde, Fauvel.

JEAN. Les méchants mourront !

GERVAIS. Au secours !

LES BANDITS. A boire !

FIN DU QUATRIÈME TABLEAU

ACTE CINQUIÈME

Cinquième tableau : les Catacombes

Le Théâtre représente l'intérieur des Catacombes de Paris en 1770.

SCÈNE PREMIÈRE

JEAN L'AHURI, *accroupi dans un coin,* LANDRY, FARGEOT, SYLVANDRE, BOHÉMIENS, BANDITS DE TOUTE ESPÈCE.

(*Au lever du rideau, le théâtre est vide, et peu à peu Bandits et Bohémiens arrivent en scène.*)

LANDRY. Après le travail, le plaisir, la danse et les chansons. (*On danse. — Ballet.*)

UN BANDIT. La chanson !

TOUS. La chanson !

AIR NOUVEAU DE M. BORSSAT.

Premier couplet.

Le diable un jour, jour de misère,
Voyant saisir son mobilier
Par son cruel propriétaire,
Jura tout bas de se venger ;
Quand le diable veut, il veut ferme,
Il fit décréter que celui
Qui ne pourrait payer son terme
Gratis viendrait loger chez lui ;
Puis à l'architecte des tombes
Il donna l'ordre qu'en trois nuits
On fît creuser les Catacombes,
Les Catacombes de Paris.

Deuxième couplet.

Pour profiter de cette aubaine
Un peuple accourut tout entier,
Tout fut plein en une semaine
De la cave jusqu'au grenier ;
Et Satan de ses yeux perfides
Voyait, frisant ses favoris,
Sur terre les logements vides

Lorsque les siens étaient garnis.
Voilà, voilà, oui, voilà comme
Un beau matin furent remplis
Ces mondes inconnus qu'on nomme
Les Catacombes de Paris.

Troisième couplet.

Le diable est plus fin qu'on ne pense :
Il prêtait son appartement
Mais exigeait contre quittance
Une âme par chaque habitant,
Si bien qu'au jour de l'inventaire
A sa femme il fit remarquer
Que son ancien propriétaire
Était devenu son portier.
Buvons, dansons à sa mémoire,
Buvons au maître du logis,
Surtout n'oublions pas de boire
Aux Catacombes de Paris.

(Tous applaudissent; quand Landry a cessé de chanter, on entend le bruit d'un sifflet. Tout le monde écoute attentivement. Le sifflet se fait entendre de nouveau.)

UN BANDIT, *mettant l'oreille à terre.* Le signal vient de l'Ouest.

LANDRY. Diable ! mauvaise nouvelle, peut-être... Fargeot, réponds.

GERVAIS, *à part.* Qu'est-ce que c'est que ça ?

LANDRY. On n'a pas répondu à ton sifflet, Fargeot, recommence. *(Fargeot siffle de nouveau, et un sifflet lui répond, mais avec un son plus rapproché.)* Enfin, nous allons savoir !

UN BANDIT, *se précipitant en scène.* Alerte ! alerte ! *(Tout le monde est effrayé.)*

TOUS. Ah ! Qu'y a-t-il ?

GERVAIS. Est-ce qu'on voudrait nous arrêter ? Tant mieux.

LANDRY. Hein ?

GERVAIS, *à part.* Imbécile que je suis ! *(Haut.)* Oui, qu'on vienne nous arrêter ! J'aime la lutte, moi, j'aime le danger. *(A part.)* Et puis, je pourrais me sauver...

LANDRY, *à l'homme qui est entré.* Voyons, au fait, quel malheur nous menace ?

LE BANDIT. Il faut fuir d'ici, la mort est au-dessus de vos têtes. Un horrible craquement s'est fait entendre dans la région de l'Ouest... Un éboulement a déjà eu lieu... La digue qui séparait les eaux de la Bièvre des rues souterraines est rompue ; l'inondation va miner la base des murailles.

L'AHURI, *à part.* La Bièvre !

LE BANDIT. Il s'est déclaré une fissure, qui se prolonge vers la direction où nous sommes. D'un moment à l'autre... ces voûtes peuvent s'écrouler sur vos têtes.

TOUS. Ah !...

L'AHURI, *à part.* Les méchants mourront !...

GERVAIS. Sauve qui peut ! *(Un bandit le retient.)*

FARGEOT, *à Landry.* Que décidez-vous, lieutenant ?

LANDRY. Que l'on exécute mes ordres... vous avez tous entendu, n'est-ce pas ? Peut-être que dans quelques minutes, cette partie des Catacombes ne sera qu'un monceau de ruines. Sylvandre, prends une torche, tu serviras de guide. Tu vas prendre à gauche ; à la troisième pierre noire, tu tourneras à droite, et tu marcheras toujours. Je t'aurai rejoint, et je t'indiquerai alors où nous pourrons nous arrêter. *(Il se fait un va-et-vient général, chacun emporte ce qu'il peut, et l'on commence à opérer la sortie. Le théâtre rentre peu à peu dans une obscurité complète.)*

GERVAIS. Qu'est-ce que je vais devenir ici, mon Dieu !

SCÈNE II

GERVAIS, *seul.*

J'aime autant mourir ici que de les suivre. Mourir ! c'est pas si facile que ça de mourir... et

puis, qui sait, je dois peut-être encore être bon à quelque chose... Voyons, j'ai entendu dire la troisième pierre noire... Tournez à droite. *(Il disparaît à gauche.)*

L'AHURI, *se perdant dans le fond vers la droite.* Il ne faut pas que les bons pleurent. *(Sur les dernières paroles de l'Ahuri, on a vu un homme paraître à droite du premier plan. C'est Henri Bernard, qui se soutient à peine et tombe épuisé sur une grosse pierre.)*

SCÈNE III

HENRI BERNARD, *seul.*

Où suis-je ?... Vingt fois j'ai cru que je touchais au terme de ma fatale route, vingt fois j'ai cru entrevoir, comme un point lumineux... loin, bien loin !... J'ai marché, et à chaque pas l'espérance s'est évanouie... Oh ! l'infâme ! le lâche ! Pourquoi ne m'a-t-il pas tué tout de suite... Mais non... il lui fallait une vengeance lente, une lente agonie !

SCÈNE IV

HENRI, GERVAIS.

GERVAIS, *reparaissant à gauche, au fond.* Ah ! bien oui ! la troisième pierre noire ! C'est bien facile à dire, je n'ai rien vu du tout !... Comme ils vont vite, ces gueux-là. De façon que je ne sais plus où je suis maintenant. *(Il se heurte contre une pierre.* Ah ! tiens, voyons donc ? Mais oui, le diable m'emporte... me voilà revenu où nous étions... Oh ! mais, je ne veux pas rester ici... moi ! D'après ce qu'ils ont dit tout à l'heure, si tout ça allait me tomber sur la tête ! *(Il cherche une issue en tâtonnant.)*

HENRI, *se levant.* Allons... essayons de faire encore quelques pas... qui sait ? le salut est bien près de nous quelquefois.

GERVAIS, *s'arrêtant et entendant parler.* Il me semble que j'ai entendu une voix... Oui, l'on marche...

HENRI, *à part.* Est-ce une illusion ? j'ai cru entendre...

GERVAIS, *à part.* Je ne me suis pas trompé. *(Haut.)* Est-ce qu'il y a quelqu'un près de moi ?

HENRI. Cette voix... qui êtes-vous ?

GERVAIS, *reconnaissant Henri.* Est-ce que j'ai la berlue ? On dirait... *(Haut.)* Vous-même, qui êtes-vous ? *(A part.)* Après ça, on ne sait pas.

HENRI. Dites-moi votre nom d'abord...

GERVAIS, *à part.* Oh ! cette fois, j'en suis sûr ! *(Haut.)* Gervais...

HENRI. Gervais ! ah ! viens ! viens ! Je suis Henri Bernard.

GERVAIS, *tendant les bras.* Par ici ! par ici !

HENRI. Ah ! mon ami ! Comment se fait-il ? *Gervais et Henri se rencontrent).*

GERVAIS, *le prenant dans ses bras.* D'abord, embrassons-nous ; ça me fera du bien.

HENRI. Bon Gervais ! que je suis heureux de te retrouver !... Mais je croyais que tu t'avais échappé...

GERVAIS. Ah ! bien oui ! ils m'ont forcé à m'enrôler dans leur troupe. Est-ce que je sais ?.. C'est une horreur ! Je vous dirai ça.... Mais vous ?...

HENRI. Moi, je suis descendu par je ne sais quels détours dans ces affreux souterrains, et, arrivé là, ceux qui m'y avaient conduit m'ont abandonné ; j'ai essayé de retourner sur mes pas... mais en vain... Alors j'ai été au hasard... me heurtant souvent contre un angle de muraille et regrettant de ne pas y trouver la mort... Voilà comment je suis arrivé jusqu'ici... et maintenant...

GERVAIS. Maintenant, il faut fuir.

HENRI. Mais comment ?.. mais par où ?.. la nuit, toujours la nuit !

GERVAIS. Donnez-moi la main... pensez à votre père... à mademoiselle de la Marlière. *(Ils se disposent à chercher une route dans le fond ; tout à coup une porte, pratiquée dans le mur à gauche, s'ouvre, et un homme paraît avec une lanterne sourde à la main, c'est Claude Fauvel.)*

SCÈNE V

HENRI, GERVAIS, FAUVEL.

GERVAIS, *à Henri. (Au bruit que fait la porte en s'ouvrant, Henri et Gervais s'arrêtent.)* Regardez !

FAUVEL. *(Il pose sa lanterne sur une pierre, prend une pioche qu'il a apportée, et déterre un objet caché ; après avoir donné quelques coups de pioche, il s'arrête et s'essuie le front.)* Pourvu que je le retrouve encore ! *(Gervais et Henri redescendent la scène.)*

GERVAIS. Ah !... monsieur Henri... c'est lui...

HENRI. Qui ?

GERVAIS. Fauvel.

HENRI. Ah ! *(Il va s'élancer, Gervais l'arrête du geste).*

GERVAIS. Attendez ! il faut voir.

FAUVEL, *relevant la tête à la voix de Gervais.* Hein ! Il m'a semblé entendre... *(Il projette la lumière de la lanterne du côté de Gervais, mais il ne voit personne. Gervais et Henri doivent se trouver masqués par un accident de muraille).* Etranges terreurs qui me poursuivent... c'est la dernière fois que j'aurai eu peur. *(Il continue à chercher.)*

HENRI. Laisse-moi, Gervais, c'est Dieu qui le jette au-devant de moi...

GERVAIS. Prenez garde ! vous n'avez pas d'armes !

HENRI. On n'a pas besoin d'armes avec les lâches.

FAUVEL, *prenant un portefeuille qu'il a déterré.* Il y a, là dedans, huit cent mille francs... la dot que j'ai promise au comte de la Marlière... Gabrielle m'appartient, et j'en finis avec cette vie de mystères et d'infamies. Huit cent mille francs ! Ce fermier de Montrouge s'est trouvé là à propos, il y a un an. Quant à cet Henri... il doit être loin, mort peut-être !

HENRI, *qui s'est avancé lentement, saisit la lanterne, en projette la lumière au visage de Fauvel et s'écrie :* Tu as menti, voleur !...

FAUVEL, *reculant épouvanté.* Henri Bernard !... *(Il fait un bond pour s'élancer par la porte secrète, mais Gervais se jette au-devant de lui.)*

GERVAIS. Halte-là ! on ne passe pas !

HENRI. Oui... Henri Bernard... je t'avais dit qu'il y avait une Providence, Claude Fauvel... tu es en notre pouvoir.

FAUVEL, *mettant le portefeuille dans sa poitrine et se boutonnant.* Vous croyez ?

GERVAIS. Ça m'en a tout l'air.

FAUVEL. Finissons-en !

HENRI. Vous avez raison... j'ai hâte d'en finir à mon tour. Je te tiens donc !

FAUVEL. Que voulez-vous de moi ?

HENRI. Je vais te le dire.

FAUVEL. Je suis pressé.

GERVAIS. Vrai ?... Ah ! c'est dommage !

HENRI. Nous voici bien seuls... Ecoute : tu vas donner à Gervais le portefeuille que tu caches là... prendre la lanterne et nous montrer le chemin... à cette condition nous te laisserons la vie... *(Fauvel fait un mouvement de rage.)*

GERVAIS. Nous sommes dans un jour de clémence... profitez-en...

FAUVEL. C'est tout ce que vous aviez à me dire?

GERVAIS. Ah! mon Dieu! ni plus, ni moins.

FAUVEL. Je refuse.

HENRI. Misérable!...

FAUVEL. Je refuse parce que je suis plus fort que vous, ici... je n'ai qu'un signal à donner (*Il tire des pistolets.*) et j'ai la mort pour vous!

GERVAIS. Et pour toi, car la moindre détonation peut faire crouler ces murailles sur nos têtes.

FAUVEL. Que veux-tu dire?...

GERVAIS. Tu es bien mal informé pour un chef de brigands.

FAUVEL. Qu'importe! pourvu que je me débarrasse de vous... je suis le maître.

HENRI. Infâme, il ose encore menacer.

FAUVEL. Oh! ne parlez pas si haut... Il n'y a pas que les murs qui vous entendraient. (*A ce moment on entend un éclat de rire sauvage dans le fond l'Ahuri paraît entre deux torches allumées.*)

SCÈNE VI

LES MÊMES, JEAN L'AHURI. (*A la vue de Jean, tous se retournent avec épouvante.*)

FAUVEL. C'est le démon!

JEAN, *avec un cri sauvage.* C'est l'Ahuri, oui, l'Ahuri. On ne le bat plus; c'est lui qui sauve les bons et frappe les méchants. (*A Henri et à Gervais.*) Vous, par ici... (*Il leur montre la droite.*) Une corde tendue par moi... elle vous guidera... et la liberté... allez vite... vite... La mort est partout ici, elle peut vous arrêter en route!

HENRI, *à Fauvel anéanti.* Fauvel, tu le vois, Dieu était avec nous. (*Henri et Gervais sortent par la route indiquée.*)

SCÈNE VII

L'AHURI, FAUVEL.

FAUVEL. Sauvés!... jamais... je les suivrai...

JEAN, *se précipitant d'un bond devant lui.* Non... non... nou... pas toi!... L'Ahuri a des ongles... L'Ahuri a des dents... L'Ahuri est fort... Il mordra, il déchirera, il tuera... Il faut que tu meures!

FAUVEL. Dieu puissant! est-ce l'heure suprême!...

JEAN. Ce que je fais est bien... oui... je me révolte! (*Il se place devant Fauvel.*)

FAUVEL. Quel regard! C'est étrange... que t'ai-je fait?

JEAN. Tu es leur maître à eux autres, ils m'ont fait faire du mal... je ne le voulais pas, j'étais bon... ils m'ont battu... Ah! plus jamais, maintenant... la mort pour eux!

FAUVEL. Mais je ne t'ai pas fait du mal, moi!

JEAN. Non, mais tu leur commandais... tu es leur maître... La mort pour toi... Une fois, je m'en souviens bien, il y a un an, c'était un soir... je ne voulais pas encore... ils m'ont fait prendre... pour donner au maître... à toi... et ça a fait pleurer les bons qui ont des cheveux blancs... Et c'est mal!... ça m'a fait trop souffrir d'être méchant... Je ne veux plus prendre... je ne veux plus... non... non... je suis plus fort que toi... je ne veux plus...

FAUVEL. C'est du délire! tu oublies donc que je commande toujours!

JEAN. Non.

FAUVEL, *s'élançant sur Jean.* Malheureux! (*Il s'arrête devant un geste de Jean qui lui montre le ciel.*) Qu'est-ce que j'éprouve? qu'elle est donc cette force inconnue qui paralyse ma fureur?.. Que la mort vienne donc! (*Ici on entend un bruit sourd, puis un cri prolongé du côté où Henri est sorti.*)

JEAN. Ah! elle marche... elle avance!... l'eau est forte et envahit...

FAUVEL. Explique-toi donc!

JEAN. Oui, oui... l'eau... qui entre... qui entre toujours... qui monte et qui étouffe...

FAUVEL. Malheureux!

JEAN. J'ai percé la muraille qui nous séparait des eaux de la Bièvre!

FAUVEL. L'insensé!... tu mourras aussi!

JEAN. Qu'est-ce que cela me fait, à moi! quand je serai mort, je la reverrai celle que j'aime et qui m'a fait dormir quand j'étais petit... Geneviève...

FAUVEL. Geneviève!... Est-ce que je vais devenir fou? ma tête éclate!... De qui parles-tu?

JEAN. Je ne dis plus son nom!

FAUVEL. Qu'est-ce qui se passe en moi?... Oh! le passé! le passé! Enfant, parles-tu du passé?

JEAN. Le passé, je ne sais pas.

FAUVEL. Tu n'a jamais eu de mère?

JEAN. Tais-toi! tais-toi! ce n'est pas ici qu'on prononce ce mot-là!

FAUVEL. Dieu! j'ai comme le vertige! Le passé! le passé!... Tu as eu une mère!

JEAN. Tais-toi! Pas ce mot-là, méchant!

FAUVEL. Par pitié, réponds-moi!... la vérité!

JEAN, *le repoussant.* Ne me touche pas! on ne me bat plus maintenant, c'est fini! c'est fini!

FAUVEL. Geneviève Morel, tu me l'avais bien dit que le châtiment viendrait!

JEAN. Geneviève Morel... tu oses parler de Geneviève Morel... toi! Oh! Dieu juste!... le méchant, il a osé prononcer le nom de ma mère!

FAUVEL. Ta mère, puissance terrible!... voici mon dernier jour... Sa mère!...

JEAN. Pourquoi a-t-il osé prononcer ce mot-là?

FAUVEL. Pourquoi? parce que je suis ton père, enfant!

JEAN, *sans comprendre.* Et il est encore là... et il ose me regarder, et il me parle! Quand il a flétri ce souvenir qui me faisait vivre!

FAUVEL. Mais tu ne viens donc pas de m'entendre! je t'ai dit...

JEAN. Quoi?

FAUVEL. Je suis ton père!

JEAN. Oh! le méchant, il me dit exprès des mots que je ne comprends pas!

FAUVEL. Ah! (*Se jetant à genoux.*) Jean!

JEAN. Mon nom! il sait mon nom aussi.

FAUVEL. Oui!... écoute... écoute... Je vais mourir sans doute, tout à l'heure...

JEAN. Comme moi, mais tu n'iras pas voir Geneviève, toi!

FAUVEL. Ecoute-moi, ce que tu as fait est bien fait; seulement, puisque bientôt je ne pourrai plus faire de mal à personne, je te demande de me pardonner ma vie passée, puisque je suis ton père!

JEAN. Je ne comprends pas!

FAUVEL. Ecoute... quand tu étais tout petit, je te prenais sur mes genoux, et je t'embrassais. Geneviève m'aimait aussi, dans ce temps-là!

JEAN. Non!

FAUVEL. Et, si le dernier jour où je l'ai vue, elle ne t'avait pas séparé de moi... qui sait!

JEAN. Le dernier jour!

FAUVEL. Oui... oh! ce souvenir est toujours devant moi... jour fatal! Il faisait sombre comme ce soir; tu dormais, quand je suis entré, et tu m'as sauté au cou, en m'appelant ton père.

JEAN, *cherchant à comprendre.* Père!

FAUVEL. Tu avais six ans alors.

JEAN. Je dormais quand tu es entré... et... tu avais mal... de l'eau... Geneviève pleurait... et... du sang... (*Il se précipite sur le bras de Fauvel.*) Viens! viens!... (*Il l'entraîne à la lumière.*) Une blessure profonde!... je me souviens... la voilà!... Oui... c'est vrai! Geneviève t'a aimé, car elle pleurait en te voyant souffrir!...

FAUVEL. Oui...

JEAN. Mais moi, je t'aimais aussi, dans ce temps-là!... puisque je parlais toujours de toi à Geneviève... et alors... tu es donc?... le mot que je ne comprends pas?... Quel mot?... Dis-moi donc?...

FAUVEL. Ton père!

JEAN. Oui... mon père... Eh bien, viens... Allons-nous-en!... retournons chez Geneviève... Elle attend depuis si longtemps... viens!... elle sera bien contente de nous revoir! (*Il pousse un cri.*) Ah!... la vérité!... la vérité!... Et c'est moi qui ai appelé la mort... elle va venir!... Je ne veux plus!... Geneviève l'a aimé aussi!... n'est-ce pas ma mère!...Oh!.. mais je suis fort... je soutiendrai les murs quand ils s'écrouleront... et... tu te sauveras... N'est-ce pas; Geneviève... tu ne veux pas qu'il meure... Ah!... je le sauverai... je... (*Il tombe sans mouvement.*)

SCÈNE VIII

LES MÊMES, GERVAIS, HENRI.

FAUVEL, *se précipitant sur le corps de Jean.* Ah! son cœur ne bat plus!

HENRI, *à part.* Forcés de revenir sur nos pas... un éboulement subit nous a barré le passage.

FAUVEL, *les apercevant.* Tenez, venez voir!... il est mort!... le désespoir me l'a tué!... Pouvez-vous le sauver maintenant, vous qu'il a protégés?

HENRI. Quoi?

FAUVEL. Oui!... C'tait mon fils!...

TOUS DEUX. Son fils!

FAUVEL. Comprenez-vous, il m'est apparu après douze années! et... il meurt... Ah! c'est bien vrai... pas un regard!... pas un souffle!... (*Le palpant et trouvant la lettre.*) Qu'est-ce que cela!... (*Lisant.*) « Père Sylvain, quand vous lirez cette lettre, je serai retournée à Dieu!... Merci d'avoir sauvé mon enfant du déshonneur!... Prenez-en bien soin, autant que Dieu vous le permettra! Ne lui dites jamais que c'est son père qui me tue à cette heure!... s'il le revoyait jamais, je ne veux pas qu'il le maudisse! Au revoir, père Sylvain!... embrassez mon petit Jean! au revoir!... Je vais attendre ceux que j'ai aimés sur terre...

» GENEVIÈVE MOREL. »

Le chagrin a tué la mère! le désespoir a tué l'enfant! (*A Henri, avec rage.*) Et c'est toi qui en es la cause!... Sans toi, il aurait toujours ignoré que j'étais son père! Eh bien, allons jusqu'au bout. Je connais ma route, moi; chacun de notre côté, Henri Bernard!...

HENRI. Tu oublies donc que la mort est au-dessus de nos têtes!

FAUVEL. Qu'elle vienne donc!... (*Un bruit épouvantable. Eboulement. Henri reçoit une pierre en pleine poitrine, Fauvel se trouve entièrement séparé d'eux.*) Mon fils perdu pour jamais! Adieu! murs exécrables, en me prenant cet enfant, vous venez de tuer mon repentir, et je vais demander au grand soleil l'impunité de ma vie entière ! (*Il disparaît.*)

GERVAIS. Il respire encore... Prions !

FIN DU CINQUIÈME TABLEAU

Sixième tableau : le Cadeau de Noces

Le Théâtre représente un Jardin.

Changement à vue.

SCÈNE PREMIÈRE

FAUVEL, *seul, sortant de droite. — Il fait demi-jour.*

Dans quelques heures tout sera fini. (*Après un moment de silence.*) En me quittant, le comte m'a regardé d'une façon étrange !... Aurait-il appris ?... Allons, encore mes terreurs !... comme si je n'étais pas bien sûr de moi, comme si le contrat n'allait pas être signé, ici même, dans un instant... Allons !

SCÈNE II

FAUVEL, GABRIELLE.

GABRIELLE, *sortant du pavillon et faisant quelques pas.* Mon Dieu ! si je pouvais l'oublier. (*Fauvel s'avance et Gabrielle se trouve en face de lui. — Avec un cri de surprise et d'effroi.*) Ah !...

FAUVEL. Je vous ai fait peur ?

GABRIELLE. Non, monsieur, non, c'est que j'étais si loin de m'attendre à vous trouver ici, à pareille heure...

FAUVEL. Je quitte monsieur le comte ; n'avais-je pas à m'entretenir avec lui ? Le jour de la signature d'un contrat de mariage, n'a-t-on pas mille choses à se dire, mille questions même à s'adresser ?...

GABRIELLE. Des questions ?...

FAUVEL. Sans doute ; ne devais-je pas m'assurer, avant de lier pour toujours votre existence à la mienne, que ce mariage ne serait pas pour vous la source d'un malheur irréparable ?

GABRIELLE. Monsieur, le jour où mon père m'a dit : « Je désire que tu sois la femme de monsieur Claude Fauvel ; monsieur Fauvel est riche, estimé, honnête, il t'aime, » j'ai répondu à mon père que je lui obéirais.

FAUVEL. Oui, et je me suis tu, j'ai tout accepté en égoïste, sans rien dire, sans oser vous demander si, dans cette obéissance, il n'y avait pas pour vous une vie de larmes et de désespoir ; car vous m'avez mis au cœur un amour si puissant, une volonté si ardente, que si, après vous avoir interrogée, votre réponse eût anéanti tous mes rêves, j'en aurais, s'il l'avait fallu, demandé compte au monde entier !

GABRIELLE. Monsieur !

FAUVEL. Pardonnez-moi ! Je m'emporte... J'ai tant de peine à croire à la réalité, que je crains toujours qu'elle ne m'échappe.

GABRIELLE, *tombant assise.* Avant ce soir, vous ne douterez plus... (*Fauvel salue profondément et se retire par la gauche.*)

FAUVEL, *sortant.* Elle l'aime encore, insensée ! Les morts ne reviennent pas !... (*Il sort.*)

SCÈNE III

GABRIELLE, *seule.*

(*Quand Fauvel est sorti, elle regarde autour d'elle et voit qu'elle est seule.*)

Enfin ! je suis seule !... Je puis laisser couler ces larmes qui me brûlent et qui m'étouffent !... Depuis un mois qu'Henri a disparu... j'ai su me taire et cacher ma douleur !... Mon père a cru qu'Henri l'avait abandonné comme un ingrat, et je n'ai rien dit !... Je l'ai entendu maudire le nom et la mémoire de celui qu'il avait tant de fois appelé son fils !... Non, non, je n'ai rien dit, parce que j'ai bien compris que mon père souffrait en secret, que mon sacrifice seul pouvait lui rendre le bien-être et la santé... A son âge... lui qui m'a tant aimée !... Je lui devais plus que ma vie, je lui ai donné mon bonheur ! Dieu m'est témoin que j'ai été forte et courageuse... Il ignorera tout jusqu'au bout. Encore une heure de courage, et j'aurai cessé de lutter. Je tâcherai de vivre !...

SCÈNE IV

GABRIELLE, LOUISE.

LOUISE, *venant de droite.* Mademoiselle, il y a là, à la porte du jardin, un vieillard qui désire parler à monsieur le comte.

GABRIELLE. Aujourd'hui ! à cette heure ! je ne sais si mon père consentira à le recevoir.

LOUISE. Il a l'air bien triste et bien chagrin, et c'est presque les larmes aux yeux qu'il m'a suppliée de le laisser entrer.

GABRIELLE. Fais-le venir, et préviens mon père. (*Louise sort un moment.*) Est-ce à moi, maintenant, qu'il doit être permis de repousser ceux qui souffrent ! (*Louise reparaît avec Pierre Bernard, à droite.*)

LOUISE, *se disposant à entrer par la droite.* Qui faut-il annoncer, monsieur ?

PIERRE. Il est inutile de vous dire mon nom. Dites seulement à monsieur le comte que je lui demande en grâce de me recevoir. (*Louise sort.*)

SCÈNE V

GABRIELLE, PIERRE, *puis* LE COMTE.

BERNARD. Vous avez l'air doux et bon, mademoiselle, monsieur le comte est bien heureux !

LE COMTE, *paraissant sur le perron.* Je suis désespéré, monsieur, mais aujourd'hui il m'est impossible... (*Reconnaissant Bernard.*) Pierre Bernard !... ici !... chez moi... (*A part.*) Comme il est changé !

BERNARD. Cela vous étonne de me voir, n'est-ce pas, monsieur le comte ?

LE COMTE. En effet, j'étais dans le droit de penser que je ne vous reverrais plus.

BERNARD. Et vous vous demandez, après ce qui s'est passé, comment j'ose venir à vous ?...

GABRIELLE. Je me retire, mon père...

BERNARD. Non, restez, mademoiselle ; je vous en prie, restez... J'aurai peut-être besoin de votre pitié aussi tout à l'heure, quand je vais avoir dit à votre père ce qui m'amène vers lui.

LE COMTE. Je vous écoute.

BERNARD. J'ai bien vieilli depuis une année, monsieur le comte, parce que j'ai bien souffert... vous devez voir ça à ma figure.

GABRIELLE, *à part, au comte.* En effet... mon père... regardez donc ? Le pauvre homme !

BERNARD. Je ne vous rappellerai pas ce qui s'est passé...

LE COMTE. Je crois que ce souvenir doit vous être aussi pénible qu'à moi.

BERNARD. Oui, vous avez raison. Pendant longtemps, j'ai pu supporter mon mal, monsieur le comte, que je l'aie mérité ou non, parce que j'avais encore une affection, un sentiment, un lien qui me rattachait à la vie. Mais depuis un mois, ce lien s'est brisé.

GABRIELLE, *à part.* Depuis un mois... lui aussi !... Oh ! toutes les douleurs sont parentes sur la terre !

LE COMTE, *qui s'émeut peu à peu.* Où voulez-vous en venir ?

BERNARD. Il y a un mois, j'avais encore un enfant, un fils... qui faisait mon orgueil et ma joie... un fils qui aurait peut-être pu me faire oublier le coup terrible que j'avais reçu... Eh bien... ce fils a disparu... monsieur... Nous vivions un peu séparés, mais il ne se passait pas trois jours sans qu'il ne vînt m'embrasser, ou bien qu'il ne me donnât de ses nouvelles par un ami dévoué... et voilà aujourd'hui un grand mois que je ne l'ai vu... il m'a abandonné, monsieur le comte, ou bien il est mort !

GABRIELLE, *à part.* Quel étrange rapprochement !

LE COMTE, *de plus en plus ému.* C'est vrai, vous aviez un fils... je me souviens... et sans le malheur qui est arrivé... autrefois... j'aurais rejeté sur lui toute la confiance et l'affection que je vous avais données...

BERNARD. Vous êtes ému, monsieur le comte, votre voix tremble en parlant de mon fils... merci de ce bon mouvement-là.

LE COMTE, *à Gabrielle qui s'essuie les yeux.* Tu pleures, enfant, et c'est un jour comme celui-ci !...

BERNARD. Je vais finir et je vous dirai adieu, monsieur le comte. Après avoir bien pleuré, les larmes se sont séchées un peu, et je me suis dit : « Maintenant que tu n'as plus rien, mon vieux... et que tu peux t'en aller aussi d'un moment à l'autre, il faut tâcher de ne pas mourir sans avoir été trouver le comte de la Marlière et lui dire : Sur Dieu, je suis innocent du vol des huit cent mille francs ; voulez-vous en croire un homme qui mourra bientôt ? et je suis venu, car c'est vrai, je ne puis pas aller loin maintenant, puisque le bon Dieu m'a repris mon Henri.

GABRIELLE, *avec élan.* Il s'appelle Henri !... mon père...

LE COMTE. En effet... c'est étrange !...

BERNARD. Qu'avez-vous, monsieur le comte ?

LE COMTE. J'ai... j'ai... Bernard, votre existence, m'avez-vous dit, était en dehors de celle de votre fils ?... Il avait une occupation, sans doute, qui le retenait loin de vous, une place qui ne lui permettait de vous voir qu'à certains moments ?...

BERNARD. En effet, nous vivions presque séparés. Il écrivait, me disait-il, chez un riche monsieur, dont il m'a toujours caché le nom. Moi, j'avais perdu le goût du travail, et le cher garçon nourrissait son vieux père, qui ne lui demandait pas comment il gagnait son argent, sûr qu'il était que cet argent était honnêtement acquis... C'est triste à dire, tout ça... vous devez le comprendre, monsieur le comte... aussi permettez-moi de... (*Il se dispose à sortir.*)

GABRIELLE. Mais, mon père, ne croyez-vous pas deviner que...

LE COMTE. Oui... oui... en effet... je n'en doute plus à présent... (*Arrêtant Bernard.*) Arrêtez, Bernard, c'est chez moi que le hasard avait conduit votre fils, c'est moi qui avais été appelé à lui venir en aide... c'est moi qui depuis un mois le regrette comme vous-même... sans avoir su que vous étiez son père... c'est moi qui vous demande à présent de me permettre de le pleurer avec vous !

BERNARD. Mais... alors...

LE COMTE. Bernard, je me trompe en parlant du hasard; non, ce n'est pas le hasard, c'est Dieu qui a tout conduit chez moi, pour que je vous tende la main, en vous disant : Pierre Bernard, il y a un mystère que je ne comprends pas, que je ne chercherai plus à comprendre, mais ce n'est pas toi qui es coupable; toi, tu es toujours l'homme probe et honnête que j'ai connu il y a vingt ans. Pardonne-moi d'avoir souillé d'un doute la pureté de tes cheveux blancs.

BERNARD, *pleurant.* Ah! monsieur le comte... monsieur le comte... à côté des plus grandes douleurs, il y a donc toujours le remède divin?

LE COMTE. Il y a la conscience, Bernard; et tenez, vous allez trouver bien étranges les paroles que je vais oser prononcer : quelque chose me dit que nous reverrons votre fils...

GABRIELLE, *très-émue.* Ah! si vous disiez vrai!... (*Bernard paraît étonné.*)

LE COMTE. Ah! c'est que, pendant un an, il a été presque un frère pour elle.

UN DOMESTIQUE, *paraissant sur le perron.* Le notaire que monsieur le comte attendait est au salon.

LE COMTE. C'est bien.

BERNARD. Un notaire!

LE COMTE. Oui, vous verrez, je veux que vous soyez témoin... car vous restez avec moi, maintenant... vous ne me quitterez plus...

GABRIELLE, *à part.* Allons!... ils finiront par être heureux... du moins, je serai seule à souffrir.

SCÈNE VI

Les Mêmes, FAUVEL.

LE DOMESTIQUE, *reparaissant par la droite, au fond, et annonçant.* Monsieur Claude Fauvel!

FAUVEL. Monsieur le comte.

LE COMTE. Ah! mon cher monsieur Fauvel, c'est vous qui me faites attendre, le notaire est là!...

FAUVEL. Pardon, monsieur le comte, vous me condamnerez; mais lorsque je vous aurai prouvé qu'aujourd'hui, plus que jamais, j'ai hâte de consacrer ma vie au bonheur de mademoiselle de la Marlière. Entrons, si vous voulez bien.

LE COMTE, *à Fauvel, lui présentant Pierre Bernard.* Permettez-moi de vous présenter monsieur Pierre Bernard, l'homme que j'estime le plus au monde! (*Fauvel recule.*) Qu'avez-vous donc?

FAUVEL. Moi? rien... un éblouissement... je

ne sais... Entrons!... (*Il fait quelques pas puis s'arrête encore.*)

LE COMTE. Cette pâleur... cette émotion... qu'avez-vous donc?

GABRIELLE. Mon Dieu! mon père!... regardez donc, il se trouble... Répondez... qu'avez-vous?

FAUVEL. Mais, rien! vous dis-je... C'est... je ne sais quoi... Allons...

BERNARD. Monsieur le comte, cet homme vous trompe!

LE COMTE. Il y a un malheur dans cette maison...

FAUVEL. Non... mais... c'est une folie, vous dis-je! finissons-en... Qu'avez-vous tous à me regarder?... Le notaire nous attend... entrons... entrons... Vous restez immobiles... J'entrerai donc le premier.

SCÈNE VII

Les Mêmes, GERVAIS, HENRI BERNARD.

GERVAIS, *se plaçant devant Fauvel, un pistolet à la main.* Ah! ce ne serait pas poli, pour un homme comme il faut!...

BERNARD. Henri! mon fils!... (*Mouvement du comte et de Gabrielle.*)

HENRI. Mon père! Dieu fait des miracles.

FAUVEL, *à part.* Les morts reviennent donc?

GERVAIS. Nous serions déjà là depuis longtemps, sans un accident, qui nous est arrivé il y a un mois, et qui a mis monsieur Henri entre la vie et la mort... Il a fallu se soigner un peu, vous comprenez? mais il va mieux! et vous, vous êtes tout pâlot!

FAUVEL, *vivement, bas à Henri.* Vivant! et lui?... lui! mon fils?...

HENRI. Il est sauvé!

FAUVEL. Où est-il?

HENRI. Nous veillerons sur lui! Il sera mon frère, mais vous ne le reverrez jamais!

LE COMTE. A qui avons-nous donc affaire ici, monsieur, répondez?...

GERVAIS. A celui qui a fait voler, il y a un an, les huit cent mille francs que vous aviez confiés à monsieur Bernard, au chef de la bande des Catacombes de Paris.

BERNARD, *furieux.* L'infâme!

HENRI, *l'arrêtant.* Mon père, ce n'est pas à nous qu'il appartient de punir un tel homme, c'est à la justice!

FAUVEL. La justice? qu'elle vienne donc!

GERVAIS. Vous allez être servi, mon petit bourgeois!

SCÈNE VIII

Les Mêmes, SYLVANDRE, LANDRY,
puis JEAN.

LANDRY, *accourant effaré.* Capitaine, il est temps de fuir... les soldats entourent la maison!

FAUVEL, *s'élançant vers le fond pour escalader le mur.* Au revoir tous! Nous réglerons nos comptes un jour! (*Au moment où il va pour monter sur le mur, il paraît des soldats ayant un agent à leur tête.*)

L'AGENT. Au nom du roi, je vous arrête!

FAUVEL, *à part.* Allons, c'est mon heure!... mais la honte, les supplices!... (*En ce moment Jean, qu'on a vu se glisser dans le parc, arrive près de Fauvel.*)

JEAN, *à Fauvel.* Me voilà!

FAUVEL. Toi!

JEAN. Tais-toi, je viens te défendre... Geneviève t'a aimé, je ne veux pas qu'on te batte...

FAUVEL. Mais tu n'as pas d'armes?...

JEAN. Si! (*Il lui montre un pistolet caché.*)

FAUVEL. Donne donc! (*Il lui arrache le pistolet.*) Tu me sauves, merci!... enfant. Je suis sauvé... merci! (*Il s'élance dans le pavillon*).

L'AGENT, *montrant Fauvel aux soldats.* Qu'on le saisisse!

FAUVEL. Vous ne m'aurez pas vivant! (*Il entre dans le pavillon, et en disant ces mots on entend une détonation.*)

JEAN, *avec une joie qu'il ne s'explique pas lui-même.* Vous ne l'aurez pas... il est sauvé... vous ne l'aurez pas... Ah!... ah!... ah!... ah!...

FAUVEL, *paraissant mourant à la porte du pavillon.* Gabrielle de la Marlière, voici les huit cent mille livres que j'ai volées; vous aimez Henri Bernard, soyez heureuse avec lui! (*Il jette le portefeuille à terre.*) C'est le cadeau de noce de Claude Fauvel! (*A Jean, en tombant.*) Merci!... merci!...

JEAN, *se jetant sur lui et écoutant si son cœur bat.* Rien!... plus rien!.. (*Il se fait un mouvement général vers Fauvel. Jean se place devant le corps de Fauvel.*) N'approchez pas... laissez-le!... Geneviève l'a aimé aussi... il est allé la revoir avant moi. (*Continuant.*) Tout seul, maintenant... tout seul!

HENRI BERNARD, *s'approchant de Jean.* Tu seras notre ami à tous.

JEAN. Ami!... ami!... (*Il donne la main à Henri, mais sans quitter le corps de Fauvel.*)

FIN

PARIS. — TYP. DE EDOUARD BLOT, RUE SAINT-LOUIS, 46.

ROMANS ILLUSTRÉS

A 20 CENTIMES LA FEUILLE

ALEXANDRE DUMAS.

La comtesse de Charny, sans illustration.....	4 65
El Salteator. 1 vol. Id.............	» 70
Les Compagnons de Jéhu. Id............	1 35
Les Crimes célèbres. 1 vol. illustré..........	4 »

Les Mêmes par Séries.

La marquise de Brinvilliers. — Karl Sand. — Murat. — La comtesse de Saint-Géran. — Les Cenci.	» 90
Marie Stuart.....................	» 70
Les Borgia. — La marquise de Gange....	» 90
Massacres du Midi. — Urbain Grandier.......	1 10
Jeanne de Naples. — Vaninka........	» 70

X. B. SAINTINE.

Picciola, 16 gravures sur bois...............	» 90

PAUL DE KOCK.

La jolie Fille du Faubourg.............	1 10
L'Amoureux transi.....	1 10
L'Homme aux trois Culottes............	» 90
Sanscravate........................	1 30
L'Amant de la Lune.....	3 16
Ce Monsieur......................	1 10
La famille Gogo..................	1 50
Carotin........................	1 10
Mon ami Piffard...............	» 50
L'Amour qui passe et l'Amour qui vient......	» 70
Taquinet le Bossu.................	» 70
Cerisette.....................	1 50
Une Gaillarde.................	1 80
La Mare d'Auteuil.............	1 95
Les Étuvistes.................	2 »

CHARLES DIDIER.

Rome souterraine.................	1 10
Thécla.....................	» 70

EUGÈNE SUE.

La Famille Jouffroy. 1 vol.............	3 »
Les Mystères de Paris. 1 vol..........	3 75
Le Juif errant. 1 vol.............	3 15
LES MISÈRES DES ENFANTS TROUVÉS. 1 vol.....	4 80

ÉMILE MARCO DE SAINT-HILAIRE.

Les Mémoires d'un Page de la cour impériale.	» 90

JACQUES ARAGO.

Voyages autour du Monde. — Souvenirs d'un Aveugle.................	2 95

ALBOISE ET MAQUET.

Les Prisons de l'Europe..............	3 55

FRÉDÉRIC SOULIÉ.

Les deux Cadavres..................	1 10
Le Vicomte de Béziers...............	1 10
Le Comte de Toulouse...............	1 10
Sathaniel......................	1 10
Les Mémoires du Diable.............	3 15
Le Magnétiseur.................	1 10
La Comtesse de Monrion. — 1re partie, la Lionne..................	1 10
2e partie, Julie.................	1 30
Le Conseiller d'État.............	1 10
Le Lion amoureux.............	» 50
Eulalie Pontois................	» 50
Le Bananier..................	» 70
Marguerite..................	» 90
Un Malheur complet.............	» 50
Diane de Chivry...............	» 50
Les quatre Sœurs.............	1 10
Au Jour le Jour.............	» 90
Huit Jours au Château.............	1 10
Confessions générales.............	2 55
Saturnin Fichet.................	2 75
Les Prétendus.................	» 70

DINOCOURT.

Une Tête mise à prix..........	» 90

SHAKSPEARE

(ŒUVRES COMPLÈTES.)

Traduction nouvelle par BENJAMIN LAROCHE

2 beaux volumes illustrés de 228 gravures sur bois, 57 feuilles de texte..........	11 55

J. LAFITTE.

Le Docteur Rouge...........	» 90

MAGASIN THÉATRAL ILLUSTRÉ

20 CENTIMES CHAQUE PIÈCE

Mercadet, 3 actes..............	20
La Marquise de Senneterre, 3 actes..	20
Claudie, 3 actes..............	20
Jenny l'Ouvrière, 5 actes...........	20
Le Verre d'Eau, 5 actes...........	20
Le Riche et le Pauvre, 5 actes.......	20
Jean le Cocher, 4 actes...........	20
La Pensionnaire mariée...........	20
Les Rubans d'Yvonne....	20
La Faridondaine, 5 actes...........	20
Simple Histoire.............	20
Un Bal du grand monde...........	20
La Fille de madame Grégoire, 1 acte.	20
La Chanoinesse, 2 actes...........	20
Masséna, 3 actes.............	20
Le Diplomate, 1 acte...........	20
Le Mari de la Dame de Chœurs, 2 actes.	20
La Camaraderie, 5 actes...........	20
Frère Tranquille, 5 actes...........	20
Les Pilules du Diable, 5 actes.......	20
Les Enfants de troupe, 2 actes.......	20
La Dame aux Camélias, 5 actes......	20

Tome premier, broché, 22 pièces.... 4 »

Le Château des Tilleuls, 5 actes......	20
Bertrand et Raton, 5 actes........	20
Richard III, 5 actes............	20
Une Nichée d'Arlequins, 1 acte....	20
Les Femmes du Monde, 5 actes.....	20
Adrienne Lecouvreur, 5 actes......	20
Le Bourreau des Crânes, 3 actes....	20
La Table tournante, 1 acte........	20
Les Œuvres du Démon, 5 actes.....	20
Les deux Marguerite, 1 acte.......	20
La Haine d'une Femme, 1 acte......	20
Elvire ou le Collier, 3 actes.......	20
Les Diamants de Madame, 1 acte...	20
Les deux Précepteurs, 1 acte.......	50
Le Consulat et l'Empire, 5 actes.....	20
Maprice ou l'Amour à Vingt ans, 5 actes.	20
La Corde Sensible, 1 acte.........	20
Le vieux Garçon et la petite Fille, 1 acte.	20
L'Ouvrier, 5 actes.............	20
Diane de Chivry, 5 actes.........	20
Jacques le Corsaire, 5 actes........	20

Tome deuxième, broché, 20 pièces. 4 »

La Vénitienne, 5 actes...........	20
Les fils Gavet, 1 acte...........	20
Ali-Baba, 3 actes............	20
La Pêche aux Corsets, 1 acte........	20
La Belle-Mère, 1 acte...........	20
Le Prince Eugène, 3 actes..........	20
Le Mauvais Gas, 5 actes..........	20
La Poudre de Perlimpinpin, 5 actes....	20
L'Ambassadeur, 5 actes...........	20
Le Mariage d'Argent, 5 actes.......	20
Le Bois de Boulogne, 2 actes.......	20
La Partie de Piquet, 1 acte.........	20
Le Juif de Venise, 5 actes.........	20
Le Coiffeur et le Perruquier, 1 acte....	20
Le Bal du Sauvage, 3 actes.........	20
Gusman ne connaît pas d'obstacles, 4 a.	20
Paillasse, 5 actes.............	20
Avant, Pendant, et Après, 3 actes....	20
La Quarantaine, 1 acte...........	20
Une Indépendance en Cœur, 1 acte...	20

Tome troisième, broché, 20 pièces. 4 »

L'Ondine, 1 acte..............	20
Les Noces de Merluchet, 3 actes......	20
Une Idée de jeune Fille, 1 acte......	20
Un Moyen dangereux, 2 actes......	20
L'Héritière, 1 acte.............	20
Les Rues de Paris, 5 actes.........	20
La Fille du Feu, 3 actes..........	20
Le Paradis perdu, 5 actes.........	20
Un Goute de Fées, 2 actes........	20
Le vieux Bodin, 1 acte..........	20
Les Amours Maudits, 5 actes.......	20
Une partie de Cache-Cache, 2 actes..	20
L'Enfant de la Halle, 3 actes.......	20
La Bataille de l'Alma, 3 actes......	20
Grégoire, 1 acte.............	20
Un vieux Loup de Mer, 1 acte......	20
La Bourgeoise ou les cinq Auberges, 5 a.	20
Les Conquêtes d'Afrique, pièce mil., 5 a.	20
Voilà ce qui vient de paraître, 5 actes.	20
Mauprat, 5 actes..............	20
Le Cordonnier de Crécy, 5 actes....	20

Tome quatrième, broché, 21 pièces. 4 »

André le Mineur, 5 actes..........	20
Le Manoir de Montlouvier.........	20
Le Monde Camelotte............	20
Les Vignerons d'Argenteuil........	20
Les Carrières de Montmartre.......	20
Malvina..................	20
La Duchesse de La Vaubalière......	20
La Tour de Londres............	20
Suzanon..................	20
Françoise de Rimini............	20
César Borgia...............	20
Le Royaume du Calembour........	20
Le Comte Hermann............	20
La Servante................	20
Flaminio..................	20
Vous allez voir ce que vous allez voir.	20
La vie en rose..............	20
La Marchande du Temple.........	20
Mme Lovelace..............	20
Les Frères de la Côte...........	20

Tome cinquième, broché, 20 pièces. 4 »

La Montre de Musette...........	20
La Tour Saint-Jacques-la-Boucherie...	20
Atar-Gull.................	20
Le Diable d'Argent............	20
La Question d'Économie.........	20
L'Enfant du tour de France........	20
Rose la Fruitière.............	20
Le Marquis d'Argent court........	20
La Tête et le Cœur...........	20
Le Conscrit de Montrouge........	40
Un Million dans le Ventre........	40
Les Compagnons de Jéhu........	20
L'Ile Saint-Louis............	20
Charles XII...............	20
La Légende de l'Homme sans tête....	20
Le Proscrit................	20
Rose Bernard...............	20
En avant, marche!............	20
Trois Nourrissons en carnaval......	20
Jacot renchéri..............	20
Le Contrat rompu............	20
La Moresque..............	20
Le Pont-Rouge.............	20
La Berline de l'Émigré..........	20
Les Canotiers de la Seine.........	20
Les Chiens du Mont Saint-Bernard.....	20

PUBLICATIONS DU MAGASIN THÉATRAL

BROSKOVANO, opéra-comique, 2 actes, ..	1	»
LES TROIS MAUPIN, 5 a., Scribe, Boisseaux.	2	»
LE FILS NATUREL, 5 actes, Dumas fils.. .	2	»
LA QUESTION D'ARGENT, 5 act., Dumas fils.	2	»
LA JOIE DE LA MAISON, 1 a., V. Duhamel.	1	»
LE TASSE A SORRENTE, 3 actes, de Belloy.	1	50
L'ORESTIE, trag. anc., 3 a., Alex. Dumas.	2	»
ROMULUS, comédie, 1 acte, Alex. Dumas.	1	»
LE BRAS NOIR, pantomime............	1	»
MADAME BIJOU, 1 acte.............	»	60
LA COMÉDIE A FERNEY, 1 acte.	1	»
LA REINE DE LESBOS, drame, 1 acte. ...	1	»
LA CONQUÊTE DE MA FEMME, com., 5 actes.	1	»
AU PRINTEMPS, fantaisie, 1 acte, en vers .	1	»
MAUPRAT, drame, 5 actes, George Sand. .	1	50
FRANÇOIS LE CHAMPI, dr. 5 a., George Sand.	1	50
L'IMAGIER DE HARLEM, 5 actes, par Méry.	1	»
LE DOUTE ET LA CROYANCE, drame, 1 acte.	1	»
MADAME LOVELACE, pièce en 5 actes. ...	1	»
LE JOUEUR DE FLUTE, comédie, 1 acte. ..	1	»
LA VIE EN ROSE, 5 actes.	1	»
FLAMINIO, comédie, 5 actes, George Sand..	1	50
LA JEUNESSE DES MOUSQUETAIRES.	1	»
JEAN LE COCHER............	1	»
CLAUDIE, 5 actes, George Sand.........	1	»
LES DEMOISELLES DE SAINT-CYR.	1	»
UN CHEF-D'ŒUVRE INCONNU.	»	60
LE CORDONNIER DE CRÉCY, 5 actes. ...	1	»
JEAN LE SOT, saynète.	»	60
LES TROIS DRAGONS, opérette.	»	60
LE MARI AUX ÉPINGLES.	»	60
LE LIÈVRE ET LA TORTUE, 1 acte. ...	1	»
LES PECCADILLES DE VALENTIN.	»	60
DANS LES BLÉS, saynète.	1	»
PINCÉ AU DEMI-CERCLE.	»	60
UNE PAILLE DANS L'ŒIL, opérette. ...	»	60
JEAN LE TOQUÉ.	1	»
LE BAISER DE L'ÉTRIER.	»	60
LES VIEILLES AMOURS.	»	60
LES ENRAGÉS.	»	60
MONSIEUR MORIN.	»	90
LE PANIER DE PÊCHES.	»	60
L'ILE DE CALYPSO, opérette.	»	60
L'HUITRE ET LES PLAIDEURS.	»	60
INDIANA ET CHARLEMAGNE.	»	60
LES DEMOISELLES DE SAINT-CYR. ...	»	60
LES MÉMOIRES DU DIABLE.	»	60
LES TROIS ÉPICIERS.	»	60
LA FILLE DU RÉGIMENT, opéra-comique.	1	»
FLANEUSE, monologue (LA).	»	60